La légende du Tour de France

Par Pierre CHANY

avec la collaboration de Pierre GENTY

liber

Un chef-d'œuvre

Ce fut d'abord une splendide utopie, de celles qui génèrent de lointaines aventures, nourrissent le rêve, entretiennent la passion et prolongent la jeunesse en quelque manière. Une de ces utopies heureuses, nées dans le doute, la défiance parfois, mais qui finissent toujours par assurer la réalité des lendemains. D'autres diront que le bon Géo Lefèvre, avançant l'idée d'un Tour de France cycliste et persuadant Henri Desgrange du bénéfice qu'il y aurait pour son journal - L'Auto - à organiser cette course hors du commun, d'autres retiendront que Géo Lefèvre, ce jour-là, fut touché par l'aile du génie.
C'était en 1903, et la bicyclette, moyen de locomotion tout à la fois des humbles et de monsieur le curé, des mieux nantis également, cette bicyclette encore très imparfaite mais néanmoins robuste et gagneuse de temps, passait délibérément de l'utilitaire à la compétition. Elle offrait à l'homme un support nouveau dans le dépassement de soi-même, en un temps où le sport embryonnaire se tournait vers le grandiose en sorte de frapper les esprits.
Il y aura de cela bientôt un siècle et le Tour de France devenu institution nationale, puis événement mondial, continue à produire chaque année ses images fortes, témoignages d'une épopée tantôt fantastique, parfois tragique et certains jours cocasse, qui n'en finit pas de se renouveler.
C'est le témoignage de ces grands moments que nous vous livrons ici.

Pierre CHANY

Sommaire

✦ 1902 ✦

Le trait de génie

« Il faut absolument que nous inventions quelque chose. Aurais-tu une idée ? – Pourquoi pas un tour de France cycliste… Une course de plusieurs jours, plus longue et plus dure que toutes celles qui existent déjà. Quelque chose comme les Six-Jours, mais sur la route. » Cette conversation se déroulait en novembre 1902 dans les locaux du journal *L'Auto* entre le directeur Henri Desgrange et Géo Lefèvre, chef de la rubrique cyclisme.

A l'époque, une lutte sans merci opposait *L'Auto* à son rival *Le Vélo*, lequel avait le quasi-monopole de l'organisation des grandes courses. Il fallait effectivement faire quelque chose.

L'idée de Lefèvre fit son chemin. Au fil des semaines *L'Auto* distillait des informations : « la plus grande épreuve cycliste » se déroulerait – innovation – sans entraîneurs, par addition des temps. Le vainqueur recevrait trois mille francs et les concurrents se répartiraient en deux catégories : ceux qui effectueraient la totalité du parcours et figureraient au classement général ; et les autres, les « partiels », qui ne participeraient qu'aux étapes de leur choix. Des précisions étaient apportées : la course se déroulerait du 1er au 19 juillet, en six étapes, pour un total de 2 428 kilomètres. Chaque étape serait courue sur deux jours – consignes de prudence pour la nuit : « Vérifiez vos freins, veillez à ne pas faire trop de bruit en traversant la ville » – et serait suivie de plusieurs journées de repos. En ces temps héroïques, ce n'était point superflu… Le décor était planté. Rendez-vous était donné pour le 1er juillet 1903.✦

✦ Page de droite : Henri Desgrange, futur recordman du monde de l'heure et créateur du Tour de France.

✦ 1903 ✦

Vers l'aventure

Mercredi 1er juillet. Le soleil éclaire la campagne au sud de Villeneuve-Saint-Georges, dans la lointaine périphérie parisienne. A Montgeron, devant le Réveil-Matin, auberge où fréquentent les garçons de ferme et les charretiers du voisinage, soixante cyclistes, équipés pour de longues randonnées – des champions populaires mais aussi de parfaits inconnus qui n'ont jamais participé à la moindre compétition – se tiennent sous les ordres d'un personnage picaresque et moustachu – veston de toile légère et panama – commis par Henri Desgrange pour donner le départ de ce premier Tour de France. Il est 15 h 16 quand il abaisse solennellement son fanion.

La scène s'est déroulée devant quelques centaines de curieux, parmi lesquels une escouade de photographes, mais aucun de ces témoins de l'histoire ne saurait imaginer la portée lointaine de l'événement en cours. Le Tour de France allait s'épanouir et devenir un authentique chef-d'œuvre, réalisation de longue haleine qui allait dépasser le cadre du sport pour devenir un fait social de très grande dimension en même temps qu'une des plus grandes manifestations internationales.

1er MAURICE GARIN
2e LUCIEN POTHIER
3e FERNAND AUGEREAU

Carrère

Garin ouvre le bal

Maurice Garin, l'un des favoris, prend le commandement de la course dès les premiers kilomètres et la contrôlera jusqu'à la fin. A Lyon, au terme de la première étape, une sonnerie de clairon salue sa victoire – le chronométreur, Géo Lefèvre, qui était aussi directeur de course et commissaire sportif, n'était pas encore arrivé. Le dernier accuserait 9 h 52 de retard. Aucouturier avait abandonné, souffrant de l'estomac, ce qui ne l'empêcha pas de gagner deux étapes, en « partiel ». Garin confirma ensuite qu'il était bien le meilleur du lot, triomphant notamment à Nantes et à Ville-d'Avray, devant une foule enthousiaste… avant de s'en aller effectuer son tour d'honneur au Parc des Princes. « Une mer humaine… la route est envahie… Il y a du monde partout, aux fenêtres, sur les toits, dans les arbres… Sur le parcours, c'est la cohue. Un roulement de tonnerre approche : "Garin ! Vive Garin !" C'est bien lui, avec son maillot blanc, cerclé d'une écharpe tricolore. Il est escorté par mille, deux mille cyclistes. En quelques secondes il est sur la piste, victorieux, triomphant… Le Tour est fini. Garin descend de machine. La foule se referme sur lui. » Il a gagné à 26,45 km/h de moyenne, laissant René Pothier, garçon boucher, à 2 h 49. A l'heure du bilan, Henri Desgrange et son état-major ont tout lieu d'être satisfaits. ✦

✦ Ci-dessus : (1903) le départ à Montgeron.

✦ 1904 ✦

Cornet dans le trouble

Devant le succès du premier Tour de France, Henri Desgrange décide de conserver les structures existantes. Les villes étapes de 1903 sont reconduites. Seul changement : la catégorie des « partiels » est supprimée. Nécessité est apparue aussi de renforcer les contrôles, surtout durant les parcours de nuit, car certains concurrents ont prévu des raccourcis ou appris par cœur les horaires du chemin de fer.

La première étape rappelle celle de 1903 : Garin triomphe mais Aucouturier, à nouveau malchanceux, perd toutes ses chances. En gagnant quatre étapes par la suite, « le Terrible » prouvera qu'il était toujours l'un des meilleurs du lot. A Paris, Maurice Garin triomphe devant son coéquipier Pothier, son frère César, Aucouturier et Cornet. Mais, quatre mois plus tard, à la suite de plusieurs réclamations, l'Union Vélocipédique de France décidera de disqualifier les quatre premiers. Henri Cornet, 20 ans, est ainsi déclaré vainqueur. D'innombrables incidents avaient marqué l'épreuve : agressions à coups de gourdin contre certains concurrents, menaces diverses – on vit des officiels se dégager en tirant des coups de revolver. Dès la pre-

✦ Ci-contre : Henri Cornet, le plus jeune vainqueur du Tour (20 ans).

1er HENRI CORNET
2e JEAN-BAPTISTE DORTIGNACQ
3e EUGÈNE CATTEAU

Nos Coureurs
bon copain
Cornet
A. Baudillon
Photo-Éditeur
Toulouse

C. M.

mière étape un véhicule avait tenté, à plusieurs reprises, de renverser Garin et Pothier. Le règlement avait été violé maintes fois : présence d'entraîneurs et d'automobiles non officielles sur le parcours, entente entre coureurs, abri ou traction derrière une voiture, « utilisation d'un engin autre que la bicyclette », emprunt de raccourcis, substitution de dossards… La publication de ce jugement exemplaire stupéfia l'opinion. Henri Desgrange était accablé. Il avait lui-même pris de sévères sanctions durant l'épreuve et il eût souhaité que l'affaire en restât là. Ce verdict implacable enfermait le Tour de France dans une énorme suspicion. ✦

✦ Ci-dessus : Les encombrements de la route…

✦ 1905 ✦

Trousselier sur un tapis de clous

Conséquence des incidents du Tour précédent, la formule est révisée : suppression des parcours de nuit – donc étapes plus nombreuses, onze au lieu de six –, classement par points et non plus par temps. Une surveillance très stricte sera exercée pour éviter ces irrégularités qui ont failli entraîner la fin du Tour. Or dès la première étape, c'est l'hécatombe : des clous ont été jetés à profusion sur la chaussée, et les concurrents crèvent à qui mieux mieux. A Nancy, terme de la première étape, où triomphe Trousselier, quinze coureurs seulement en cinq heures de temps. Douze heures plus tard se présentent encore des concurrents. Tous seront repêchés, vu les circonstances. Le lendemain, les semeurs de clous vont encore se manifester, mais sans que leurs actes faussent la course.

✦ Ci-contre : Louis Trousselier, vainqueur d'un Tour encore perturbé.

1er LOUIS TROUSSELIER
2e HIPPOLYTE AUCOUTURIER
3e JEAN-BAPTISTE DORTIGNACQ

Le Ballon d'Alsace est au menu du jour. La montagne apparaît pour la première fois. Anxiété des organisateurs, mais l'ascension se passe sans drame. Henri Desgrange est libéré de ses angoisses : « L'ascension du Ballon d'Alsace par le groupe de tête composé de Pottier, Aucouturier, Cornet, Georget et Trousselier est l'une des plus passionnantes choses auxquelles j'aie jamais assisté… Le courage de l'homme n'a pas de limite… »

Louis Trousselier, en pleine forme, se joue de ses adversaires et termine à Paris avec une confortable avance sur Aucouturier après avoir enlevé cinq étapes.

La nuit suivant sa victoire, Trousselier, fantaisiste à ses heures et joueur invétéré, risque tous ses gains aux dés et perd jusqu'à son dernier sou… ✦

✦ 1906 ✦

Pottier fait cavalier seul

Le Tour 1905 ayant été une réussite, Henri Desgrange décide d'étendre le tracé à d'autres régions : la Bretagne, le Nord et l'Alsace-Lorraine, après avoir reçu l'accord de Berlin, car la province est annexée depuis 1870. Le massif de la Chartreuse est également incorporé. Au total, 4 443 kilomètres, soit 1 600 de plus que l'année précédente. Dans sa présentation, le « Patron » vante son œuvre et incite les concurrents à l'effort : « Après avoir été à la peine, vous serez à l'honneur et vous entrerez vivants au retour à Paris dans la gloire sportive. Plus tard, vous rappelant vos exploits du Tour de France, vous pourrez dire avec orgueil : "J'y étais". »

Ce quatrième Tour allait voir un cavalier seul de René Pottier. Le deuxième jour il donne un aperçu de ses capacités, reprenant une demi-heure aux premiers après une série de crevaisons, avant de s'échapper dans une côte à l'approche de l'arrivée. Au Ballon d'Alsace, nouvel et grandiose exploit de Pottier. Le premier « roi des grimpeurs » distance tous ses adversaires, les uns après les autres. Seul en tête au sommet, il atteint Dijon avec 48 minutes d'avance. Après ce morceau de bravoure, il récidive à Grenoble, Nice et Paris. Ayant conservé sans cesse la maîtrise du terrain, il l'emporte finalement devant son élève Passerieu, Trousselier, Petit-Breton et Georget. A noter que la traversée de l'Alsace-Lorraine s'est effectuée sans accroc. Soldats et gendarmes ont facilité le passage du Tour. « Ces mêmes bons gendarmes teutons ont été invités à s'abstenir de dresser des contraventions pour excès de vitesse », rapporte un officiel.

1er RENÉ POTTIER
2e GEORGES PASSERIEU
3e LOUIS TROUSSELIER

A 27 ans René Pottier est en pleine gloire. « Il parlait sérieusement, sans un sourire (...) Il continuait sa course sans s'énerver, sans faiblir, mais toujours régulier, toujours sérieux. Il gagnait sans manifester sa joie, silencieux, sévère et entêté (...) S'il parvenait à décramponner son adversaire dans une côte, c'était fini. On ne le revoyait plus. » *La Vie au grand air* parlait ainsi de René Pottier que l'on retrouva pendu en janvier 1907. Un chagrin d'amour, a-t-on dit... ✦

✦ 1907 ✦

Georget sanctionné, Petit-Breton vainqueur

« Dès les premières rampes, le train s'accélère, témoigne Alphonse Steinès, journaliste à *L'Auto* et l'un des pères du Tour de France. La pluie commence. Le haut du Ballon apparaît dans un nuage d'encre. Georget prend trente mètres. C'est fantastique, c'est inoubliable. Nous voici dans le ciel clair qui domine l'infini moutonnement noir des Vosges. Des automobiles jaillissent des jets de vapeur et des fumées d'huile, les moteurs renaclent. Seules les merveilleuses petites machines humaines filent, souples, dans les virages, comme se jouant de la terrible pente et des virages à pic ravagés comme des terres labourées. »

✦ Ci-contre : Petit-Breton (à droite) vainqueur devant Georget pénalisé.

1er LUCIEN PETIT-BRETON
2e GUSTAVE GARRIGOU
3e ÉMILE GEORGET

A nouveau le Ballon d'Alsace sélectionne les meilleurs. Au sommet, Émile Georget précède Lignon et Faber, un jeune débardeur

qui avait acheté un vélo à crédit pour courir le Tour en 1906 (il se classa onzième). Dans la Chartreuse, « une lutte de géants s'engage au col de Porte. Un à un, Georget décramponne tous ses concurrents. Mais Faber, courageux comme un lion, revient, tandis que Garrigou, mort de fatigue, s'affale dans un fossé. Et le combat reprend, homérique, entre Georget et Faber. Épuisés, ils s'immobilisent d'un commun accord pour boire à une source (...) puis, tant à pied qu'à bicyclette, ils terminent la terrible ascension. » Et c'est la descente. Georget, qui dispose d'une roue libre, lâche Faber... Trousselier donne là un récital de virtuosité, dévalant « à cinquante à l'heure, les pieds sur la fourche ». La canicule avait provoqué de gros dégâts dans l'effectif et trois spectateurs étaient morts d'insolation.

Par la suite, Georget fait montre d'une nette supériorité et semble devoir l'emporter à Paris mais un changement de machine prohibé lui vaut d'être classé dernier de l'étape Toulouse-Bayonne. Dès lors, Lucien Petit-Breton, dit « l'Argentin » – Lucien Mazan de son vrai nom, il a passé la plus grande partie de sa jeunesse à Buenos Aires – a course gagnée.✦

✦1908✦

L'Argentin frappe pour la seconde fois

En 1908, Petit-Breton, est encore le grand favori. Il vient d'ailleurs de gagner Paris-Bruxelles et le Tour de Belgique. Cet athlète éclectique est une forte personnalité : intuitif et calculateur, rapide et endurant, il procède par accélérations rageuses et ses adversaires, quand le peloton s'emballe, s'exclament en chœur : « Tiens, c'est encore l'Argentin qui pique sa crise ! »

Accumulant des points grâce à sa vélocité, il s'installe en tête de classement dès la troisième étape et ne la quittera plus. Il gagne cinq étapes et triomphe à Paris – où l'arrivée est jugée au Parc des Princes pour la première fois – devant son coéquipier Faber (quatre étapes), Passerieu (trois étapes) et Garrigou. Pour la première fois, aussi, plus de cent concurrents s'étaient alignés au départ (cent onze).

Passerieu se distingue

Georges Passerieu est une fois encore l'un des animateurs du Tour. Il s'impose à Roubaix, au terme de la première étape. Dans le col de Porte, il sera le seul coureur à ne pas mettre pied à terre. Après que Petit-Breton lui eut longtemps résisté dans l'ascension, il passe en tête au sommet du col. « Maintenant, dit-il, je n'ai plus qu'à me laisser glisser en père peinard jusqu'à Grenoble. » Ce qui fut fait. Passerieu l'emporte encore à Caen et termine troisième à Paris derrière ses coéquipiers de Peugeot Petit-Breton et Faber.

Au Tour précédent, vainqueur à Nice et à Paris, il avait terminé quatrième, derrière Petit-Breton, Garrigou et Georget, ressortissants de Peugeot tout comme lui. Son premier tour en 1906 l'avait vu gagner deux étapes et finir deuxième, son ami Georget l'ayant emporté. Si le Tour se courait selon la formule dite « individuelle » les grandes marques avaient une certaine emprise et les concurrents d'une même écurie ne cherchaient pas vraiment à compliquer la tâche de leur chef de file.✦

✦ Page de droite : Un deuxième Tour pour Lucien Petit-Breton.

1er LUCIEN PETIT-BRETON
2e FRANÇOIS FABER
3e GEORGES PASSERIEU

✦ 1909 ✦

Faber, le géant de Colombes

« L'an prochain, la victoire sera pour Faber », avait annoncé Petit-Breton, en 1908. En effet, Faber va triompher, écrasant ce Tour de son impressionnante stature. Homme de la pluie et de la boue, il domine la course comme peu de coureurs le feront par la suite, hissant ses 91 kilos en première position au sommet des cols, s'imposant sur le plat, usant ses adversaires les uns après les autres. Il semblait se jouer des éléments : pluie glaciale des jours durant, froid terrible en montagne, canicule dans le Midi.

Classé deuxième à Roubaix, le premier jour, Faber réalise ensuite une série d'exploits mémorables, enlevant cinq étapes successives – toujours détaché, quand ce n'était pas avec une demi-heure d'avance – et figurant également à toutes les arrivées. Il remporte une sixième victoire à Bordeaux avant d'accorder des « bons de sortie » à ses camarades de marque Trousselier, Garrigou, Duboc et Alavoine. Car, les marques exercent toujours une grande emprise sur le Tour, mais sans elles, plus de compétition ! Il n'y avait rien à faire, cette année-là, contre ce « bon colosse » de François Faber qui, s'il habitait Colombes, était de nationalité luxembourgeoise.

Son demi-frère Ernest Paul, vainqueur d'une étape à Nîmes, terminait sixième et premier des « isolés », une catégorie de véritables parias qui n'étaient portés que par le désir « d'en être » car il leur fallait tout faire seuls, prévoir hôtel, ravitaillement, réparer leur vélo qu'ils avaient bien souvent acheté de leurs propres deniers…

La vie restait dure pour les déshérités de la gloire. Aussi voyait-on parfois Deloffre, un Nordiste, faire la quête après avoir effectué un ou deux sauts périlleux arrière à l'arrivée, quel que soit son état de fraîcheur. D'autres, moins lestes, vendaient des cartes postales… ✦

1er FRANÇOIS FABER
2e GUSTAVE GARRIGOU
3e JEAN ALAVOINE

✦ 1910 ✦

Lapize maître des Pyrénées

Pour la première fois les cols pyrénéens sont inclus dans le tracé du Tour, le Ballon d'Alsace et le col de Porte ne suffisant pas à « durcir » l'épreuve. Au départ de Paris on retrouve tous les grands noms, tous les anciens vainqueurs à l'exception du vieux Garin et de Pothier disparu. Très vite, la lutte se circonscrit entre Lapize et Faber. Dès la première étape des Pyrénées Lapize confirme la supériorité de grimpeur qu'il a affichée dans les Alpes. Puis c'est la grande étape par les cols de Peyresourde, Aspin, Tourmalet et Aubisque, laquelle deviendra vite une classique.

Inquiétude des coureurs mais aussi des organisateurs pour cette « première ». Les trois premiers cols sont franchis par Lapize serré de près par Garrigou. A Aubisque, c'est l'« isolé » Lafourcade qui crée la surprise, passant en tête sans un mot, tout à sa tâche. Un quart d'heure plus tard apparaît Lapize, à pied, mais qui parle, lui : « Vous êtes des assassins ! Oui, des assassins ! » crie-t-il à l'organisateur. Il se refait une santé dans la descente et l'emporte à Bayonne, mais Faber conserve la tête du classement général.

A la fermeture du contrôle, dix coureurs seulement se sont présentés. Desgrange décide alors que tous les arrivants pourront repartir. Cette mesure qualifie des coureurs qui avaient terminé en voiture, mais l'heure n'est plus à la sévérité : il faut sauver le Tour !

L'affrontement entre Lapize et Faber au cours des dernières étapes est fantastique, sans pitié. Ces deux routiers d'exception, hommes de caractère, vont se livrer un duel homérique, indécis jusqu'au Parc. Finalement Octave Lapize, dit « le Frisé », conservera l'avantage. ✦

✦ Ci-contre : Accolade et fleurs pour Lapize.

1er OCTAVE LAPIZE
2e FRANÇOIS FABER
3e GUSTAVE GARRIGOU

**✦ Ci-dessus :
La voiture balai ornée
de son emblème.**

✦ Ci-dessus : Gustave Garrigou dans la montagne.

✦ 1910 ✦

Une nouvelle venue : la voiture balai

Innovation dans ce Tour 1910 : la voiture balai est pour la première fois mise en service. Cette nouveauté, dont on sait maintenant combien elle adoucit le sort des malheureux en perdition, n'est pourtant pas au départ une idée très généreuse. *L'Auto* annonçait le 10 juillet : « A partir de demain, l'organisation disposera d'une seconde voiture destinée à faire le balai, c'est-à-dire à surveiller les derniers. » Il s'agissait donc bien avant tout de renforcer les contrôles.

Pour Antoine Blondin, le « balai » est « cette camionnette sinistre, hérissée par dérision d'un plumeau de jonc symbolique, où deux personnages d'une jovialité extrêmement déplacée recueillent les coureurs désemparés qui renoncent à poursuivre la course. Elle ferme la marche et les gens se la montrent du doigt avec consternation car elle marque la fin du spectacle (...)

Le concurrent à la dérive a mis pied à terre et a retiré son dossard : “Messieurs, je vais me rhabiller”. Mais les déserteurs ne se rhabillent pas aussi facilement, il faut d'abord les démobiliser. Tout au plus jette-t-on une couverture pudique sur leurs épaules frissonnantes avant de les pousser dans le caisson de la voiture.

L'intérieur de celle-ci évoque le fourgon cellulaire et sent les soirs de rafle, la poisse, l'ombre moite (...) L'équipage roule à trente à l'heure. On a tout le temps de méditer sur son sort quand on finit sur la paille humide du balai. » ✦

✦ 1911 ✦

Garrigou le métronome

C'est au prix d'une régularité de marche exemplaire que Garrigou allait gagner ce Tour marqué par la passion, le drame et la suspicion. Au cours de la première étape, Petit-Breton est expédié à l'hôpital par un quidam qui traverse la route lors du sprint final. Au Ballon d'Alsace, c'est Lapize que l'on retrouve les bras en croix dans le fossé, vidé de ses forces, tandis que Georget, le roi de la montagne, percute dans la descente un motard montant en sens inverse. Au Galibier, nouveau col inclus dans le tracé du Tour après le déroulement fabuleux de la grande étape pyrénéenne en 1910, Émile Georget, remis de son accident, passe en tête « sale, la moustache pleine de morve et des nourritures du dernier contrôle, et le maillot sali des pourritures du dernier ruisseau où, en nage, il s'est vautré », lançant, affreux mais auguste, à Henri Desgrange : « Ça vous en bouche un coin ! » Avant la grande étape des Pyrénées Duboc l'emporte par deux fois et talonne Garrigou. Et c'est le drame, un drame obscur et sordide. Duboc est victime d'un empoisonnement, il perd toute chance. Malgré un beau sursaut sur la fin du Tour, il ne pourra empêcher Gustave Garrigou, la régularité même d'inscrire son nom au palmarès. ✦

L'empoisonnement de Duboc

Dès le début du col de Peyresourde, le Rouennais Paul Duboc, très en vue jusque-là, s'est porté seul en tête. Il apparaît étourdissant dans le Tourmalet et semble parti pour gagner l'étape – et le Tour certainement – quand il vacille soudain dans l'Aubisque et s'affale d'un bloc, livide, plié en deux, victime de diarrhée et de vomissements. D'emblée son malaise paraît suspect. Au contrôle d'Argelès il avait vidé d'une traite un bidon et peu après il se tordait dans le fossé. Il était manifeste qu'une main criminelle y avait versé une drogue nocive. On accusa le directeur sportif d'une équipe rivale. Une enquête fut ouverte, sans résultats. Un soigneur spécialisé dans les breuvages suspects, doping pour les uns, poison pour Duboc, se serait accusé ensuite d'avoir fait le coup. Deux jours plus tard Duboc, régénéré, gagnait à La Rochelle, mais son retard aux points lui interdisait d'envisager la victoire au Parc des Princes. ✦

1er GUSTAVE GARRIGOU
2e PAUL DUBOC
3e ÉMILE GEORGET

✦ 1912 ✦

Defraye, le premier Belge

Cette année le Tour accueille un fort contingent de Belges. Parmi eux Odile Drefraye, 20 ans, qui vient de gagner quatre étapes au Tour de Belgique. Le directeur sportif d'Alcyon, dont l'équipe domine en toutes circonstances, lui a fait signer aussitôt un contrat.

Dans son esprit, Defraye doit seulement aider Garrigou, vainqueur du dernier Tour, même si cela n'est pas spécialement conforme au règlement ! Or, Defraye se met en évidence dès le début. Il gagne la deuxième étape, franchit en tête le Ballon d'Alsace et termine second de l'étape derrière Christophe qui s'adjuge aussi les deux étapes suivantes. Dans la descente des Aravis, Defraye percute un chien et va abandonner, mais Firmin Lambot, un compatriote qui court pour Peugeot, l'attend et l'exhorte à continuer. Lapize, l'un des favoris, n'apprécie guère ces ententes : « Comment lutter ? Tout le monde travaille pour Alcyon. Les Belges aident tous Defraye, qu'ils soient ou non de son équipe. J'en ai marre et je me tire. » Le soir même, l'équipe La Française abandonne en bloc. Les Pyrénées n'apportent pas de changement, la course perd de son intérêt et Defraye n'est plus inquiété. Par sa victoire il ouvre une ère favorable à la Belgique et rend ainsi un signalé service au Tour dont l'audience à l'étranger va encore s'étendre.

✦ Ci-dessus : Le Vieux Gaulois.
Ci-contre : Odile Defraye le Belge, malgré Christophe le Gaulois.

Christophe roi des Alpes

Avant l'étape du Ballon d'Alsace Eugène Christophe et le Belge Odile Defraye se partagent la première place du classement général. Le « Gaulois » fait couper ses longues moustaches et passe à l'offensive. Il fonce tête baissée pour gagner d'une manière impressionnante les trois étapes de montagne, dont Chamonix-Grenoble par le Galibier. Le « Gaulois » se détache ainsi au classement général. Mais Defraye reprend l'offensive et Christophe, en dépit de ses efforts dans la grande étape pyrénéenne, courue par un temps exécrable et gagnée par Mottiat, devra se contenter de la deuxième place à Paris.✦

1er ODILE DEFRAYE
2e EUGÈNE CHRISTOPHE
3e GUSTAVE GARRIGOU

✦ 1913 ✦

Philippe Thys : sa première

Innovation dans ce Tour : il tournera dans le sens contraire à celui d'une montre. Le classement se fera à nouveau par addition des temps. Le sort d'Eugène Christophe vainqueur à plusieurs reprises en 1912, avec une confortable avance, mais néanmoins battu par Defraye à Paris, a incité Desgrange à changer de formule. A Brest, abandon de Lapize et de son équipe : « Comme l'an passé je suis seul contre tous. Je préfère plier les gaules. » Dans les Pyrénées, autre abandon, celui de Defraye, blessé, alors premier au classement général. Toute l'équipe Alcyon le suit dans sa retraite. Après ces abandons la course voit un duel fratricide entre Buysse et Thys, auxquels se mêlent Petit-Breton, en super-forme, et Faber. Au sortir des Pyrénées Buysse est en tête mais, victime d'un accident dans l'Esterel, il cède la place à son compatriote Thys. Il attaque encore, franchit en tête le Galibier et le Ballon d'Alsace et enlève ces deux étapes avec une confortable avance devant Petit-Breton et Thys. Faber triomphe par deux fois ; Petit-Breton, esseulé, accumule les exploits. Dans l'avant-dernière étape il joue son va-tout mais il chute lourdement et ne peut repartir. Thys, lui aussi victime d'une chute, reçoit l'aide des mécaniciens : dix minutes de pénalisation – la « note » avait été plus salée pour Buysse, lui, qui avait reçu l'aide de Christophe après une chute et s'était vu infliger une heure de pénalité. Philippe Thys, bien que talonné par Garrigou, conserve la première place, le second accessit revenant à Marcel Buysse, lequel a enlevé six étapes.

✦ Ci-contre : Une image de légende vue par Paul Ordner.

1er PHILIPPE THYS
2e GUSTAVE GARRIGOU
3e MARCEL BUYSSE

Christophe répare sa fourche

Eugène Christophe, deuxième au classement général, passe derrière Thys en haut du Tourmalet quand une voiture le renverse, écrasant sa machine. Il n'a d'autre recours que de parcourir à pied les quatorze kilomètres de descente le séparant de Sainte-Marie-de-Campan où, dans une forge, il brase lui-même sa fourche sous le regard glacé d'officiels implacables. La réparation dure quatre heures. Il doit réduire un morceau de ferraille pour l'engager dans le fourreau de direction, puis passer des goupilles dans le tube pour le consolider. Après deux heures de surveillance, un commissaire, pris par la faim, demande à Desgrange – le « Patron » lui-même contrôle les opérations – l'autorisation d'aller chercher un sandwich. « Si vous avez faim, leur jette Christophe, mangez du charbon ! Je suis votre prisonnier et vous restez mes gardiens jusqu'au bout ! »

Christophe a perdu toutes ses chances de victoire mais il entre ce jour-là dans la légende du Tour. ✦

✦ 1914 ✦

Thys avant le massacre

D'entrée de jeu Philippe Thys l'emporte au Havre et l'on comprend très vite que ni Buysse ni Defraye ne pourront lui donner la réplique. Au pied des Pyrénées il est en tête au classement général devant Henri Pélissier. Il neutralise le Français, malgré la victoire de ce dernier à Grenoble et à Belfort, et il semble devoir l'emporter sans opposition, quand une chute le retarde entre Longwy et Dunkerque, comme cela s'était produit l'année précédente. Sa fourche brisée, il se précipite chez un marchand de cycles. « Mais on va vous pénaliser, l'avertit le mécanicien. – Je le sais, mais si je répare seul, j'en ai pour une heure au moins et j'aurai perdu le Tour. Si vous me donnez un coup de main, il me restera peut-être une chance. » Il entame alors une formidable et longue poursuite et termine troisième de l'étape. Il est pénalisé d'une heure et Henri Pélissier se rapproche à moins de deux minutes au classement général. Le sort de la victoire est remis en question. Le dernier jour, le Français attaque à quinze kilomètres de l'arrivée, dans la côte du Cœur-Volant. Il prend deux cents mètres mais il est rejoint à la porte du Parc des Princes, où il gagne le sprint devant trente mille spectateurs chavirés.

Le « grand » tombait en beauté et Philippe Thys gagnait pour la seconde fois un Tour où la férule des équipes avait étouffé l'expression des individualités et où les Lapize, Petit-Breton, Passerieu, Crupelandt, Mottiat, Defraye et Buysse s'étaient effondrés.

On comptait sur un sang nouveau pour ragaillardir le Tour, mais le sang hélas allait couler en torrents : une semaine plus tard, la guerre était déclarée entre la France et l'Allemagne. ✦

✦ Ci-contre : Henri Pélissier, vaincu avec les honneurs.

1er PHILIPPE THYS
2e HENRI PÉLISSIER
3e JEAN ALAVOINE

✦ 1919 ✦

Un maillot jaune pour Lambot

Des voix, naguère illustres, ne répondront pas à l'appel en 1919 : Faber, Lapize, Petit-Breton ont laissé leur vie dans la tourmente. Le début du Tour est marqué par l'omniprésence des frères Pélissier, Henri et Francis, qui prennent à tour de rôle les deux premières places à l'arrivée des deuxième et troisième étapes – Henri, second le premier jour, se retrouvait leader. Ces trois étapes sur des routes impossibles avaient provoqué une hécatombe : vingt-six coureurs seulement restaient en lice. La supériorité des frères Pélissier dérangeait. Contraint de s'arrêter sur un incident mécanique, Henri vit s'enfuir ses rivaux avec un bel ensemble. Durant trois cents kilomètres, il chassa derrière le peloton. Ayant rejoint son ami Barthélémy, il s'entendit interdire tout relais par Desgrange : « Et les autres, devant, ils ne se relaient pas ? s'insurgea Henri. – Si Barthélémy vous aide vous serez déclassés tous les deux. » Près de l'arrivée, il s'arrêta pour boire, expliquant aux curieux que le Tour était un « truc » de mercenaires, mais que les Pélissier étaient des hommes libres.

Dans les Pyrénées, Barthélémy affirma une très nette supériorité de grimpeur qu'il

1er FIRMIN LAMBOT
2e JEAN ALAVOINE
3e EUGÈNE CHRISTOPHE

confirma dans les trois étapes alpestres, mais les silex des premiers jours, plus une chute, lui avaient ôté toute chance de victoire. De même, Jean Alavoine, très brillant sur le plat, cédait du terrain en montagne. La première place échut donc au vieux Christophe (34 ans) qui reçut le premier maillot jaune officiel le 18 juillet au départ de l'étape Grenoble-Genève. Firmin Lambot, pendant ce temps, effectuait une course toute de prudence – Alavoine disait qu'il « ramassait les morts » – et se retrouvait second à l'aube de l'avant-dernière étape, derrière Christophe, lequel semblait bien parti pour gagner, mais la guigne le guettait, une fois encore. Sur les pavés de Raisme sa fourche se met à vibrer. « Le Vieux est lâché, c'est le moment ! » Lambot se dresse sur les pédales et enlève l'étape. Une fois de plus, le « père Christophe » effectue seul la réparation. Il vient de perdre le Tour et Lambot reçoit le maillot jaune. Toujours présent sans jamais prendre l'initiative, Firmin Lambot n'était pas un surdoué du cyclisme, mais il savait réfléchir et s'exprimait convenablement sur tous les terrains. Il allait, d'ailleurs, confirmer par la suite. ✦

✦ 1920 ✦

Et de trois pour Thys...

Les routes ne s'étant guère améliorées, le peloton sera réduit de moitié après quatre étapes seulement. Ainsi, le champion de France Jean Alavoine, retardé par huit crevaisons le premier jour, est-il rentré directement à Paris. Vainqueur des troisième et quatrième étapes, Henri Pélissier quitte la course, lui aussi, les commissaires lui ayant infligé deux minutes de pénalisation pour une broutille. Et Desgrange de dire : « Ce Pélissier ne sait pas souffrir, il ne gagnera jamais le Tour de France. » Il avait écrit à peu près la même chose de Thys en 1919. En retour, celui-ci lui avait annoncé sa victoire en 1920. Tandis que Christophe abandonne dans les Pyrénées, souffrant des reins, Lambot s'affirme le meilleur grimpeur. Pour sa part, Thys s'impose au classement général et au Parc des Princes il reçoit un accueil triomphal. Il est, en effet, le premier coureur à inscrire trois fois son nom au palmarès.

La fin du Tour s'était révélée monotone, marquée de péripéties secondaires seulement. Ainsi, la friction entre Thys et Lambot peu avant Strasbourg : « Le parcours est plat jusqu'à l'arrivée. Pourquoi gardes-tu le petit développement ? », demande Lambot. Et Thys de descendre de vélo pour retourner sa roue arrière, équipée de deux roues libres. L'autre démarre aussitôt et Thys perd une minute dans l'affaire ! Il a été joué. Survolté, il parvient à rejoindre les fuyards et s'impose au sprint. Anecdote tragi-comique, celle-ci, pour le Corse Napoléon Paoli qui dans les Pyrénées percute un âne et se retrouve à califourchon sur l'animal qui, apeuré, galope dans le sens contraire à celui de la course. Souffrant, Paoli reprend la route. Une pierre détachée de la montagne lui tombe sur le crâne. A dix heures du soir il gravissait à pied le Tourmalet, avant de trouver refuge dans une cabane.

Plus dramatique avait été la cabriole de Barthélémy à Aix-en-Provence : blessures à l'épaule, au poignet et à l'œil. Au fil des jours son acuité visuelle se réduit et il souffre le martyre : un silex lui avait percé le globe oculaire. On dut lui enlever l'œil et c'est avec une prothèse de verre qu'il continua sa carrière. Cette année 1920 il termine avec un courage hors du commun, à la huitième place et premier Français.✦

✦ Ci-contre : Philippe Thys gagne son troisième Tour.

1er PHILIPPE THYS
2e HECTOR HEUSGHEM
3e FIRMIN LAMBOT

1921

Scieur écrase la course

Au départ, les meilleurs Belges sont présents, mais devant certaines hésitations, ou abstentions surprenantes, Desgrange évoque ce qu'on nommera plus tard les primes de départ, espérant qu'on n'en viendrait pas là. Il avait raison de formuler des craintes devant ce système de rétribution avant terme. En cette année 1921, la marée belge va encore déferler sur le Tour, Léon Scieur l'emportant au Parc devant Hector Heusghem et Honoré Barthélémy, dit « le Bouledogue ».

Dès la première étape, les crevaisons éliminent à nouveau une vingtaine de coureurs, dont Philippe Thys, le dernier vainqueur. On incrimine l'« extrême légèreté » des pneus-boyaux et Desgrange regrette que ce soit « le hasard d'un silex pointu qui décide des places à l'arrivée ». « J'aurai toujours en mémoire le déplorable spectacle d'hier, de ces treize hommes qui nous promettaient une lutte de tout premier ordre et qui tous crevèrent les uns après les autres, bêtement, stupidement. Imaginez l'un d'eux ne crevant pas, et voilà le vainqueur de l'étape. Non, vraiment, c'est d'une injustice et d'une bêtise sans nom ! »

Jean Alavoine, sur qui reposaient les espoirs français, se retire le troisième jour, fatigué, ayant trop couru dans les Six-Jours et les classiques. Pour leur part, Christophe et Barthélémy fléchirent dans la montagne. Une seule fois au cours du long périple Scieur fut mis en difficulté, ayant brisé onze rayons de sa roue arrière, l'avant-dernier jour. Il changea de matériel et pédala durant trois cents kilomètres, portant la roue brisée sur son dos, car il devait la présenter au contrôle d'arrivée ! Les dents du pignon pénétraient dans sa chair et il en porta les traces jusqu'au terme de sa vie !

La fin de course fut d'un ennui écrasant. L'absence de combativité était manifeste et rien ne parvint à sortir les concurrents de leur farniente. Scieur réalisait une moyenne générale inférieure à celle des vainqueurs des Tours de l'immédiat avant-guerre.✦

✦ Page de droite : Léon Scieur sans rival.

1er LÉON SCIEUR
2e HECTOR HEUSGHEM
3e HONORÉ BARTHÉLEMY

1922

Lambot trois ans après

Le Tour 1922 sera au diapason du précédent et Firmin Lambot, coureur harmonieux mais dépourvu d'initiative, l'emportera encore à l'usure, comme en 1919, n'ayant gagné aucune étape. La chute de Barthélémy, tombant d'une hauteur de six mètres dans les Pyrénées ; la rage de dents dont avait souffert Thys ; l'abandon de Bellenger ; les trop nombreuses crevaisons ou sauts de chaîne d'Alavoine dans les Alpes – on grimpait l'Izoard et l'on faisait halte à Briançon pour la première fois – ; tous ces incidents allégeront singulièrement la tâche du futur vainqueur. Pour sa part Christophe a revêtu le maillot jaune à 39 ans passés, mais il le perd quelques jours plus tard, au sortir des Pyrénées. Inusable, il se classe néanmoins huitième à Paris, après avoir encore brisé sa fourche – troisième édition – dans la descente du Galibier.

Sur la route de Strasbourg, les Belges déclenchent une offensive de grand style, alors qu'Alavoine est encore retardé par une crevaison. A Metz, Hector Heusghem endosse le maillot jaune. On lui donne course gagnée mais un changement de machine lui vaudra une heure de pénalisation. C'est ainsi que Lambot va gagner le Tour pour la seconde fois.

1er FIRMIN LAMBOT
2e JEAN ALAVOINE
3e FÉLIX SELLIER

Alavoine le malchanceux

Dans la première étape, Jean Alavoine crève à plusieurs reprises. Bilan : une heure de retard au Havre. Victorieux à Bayonne, le « gars Jean » récidive les deux jours suivants dans les cols pyrénéens, s'imposant à Luchon et à Perpignan où il prend la première place du classement général et s'assure du maillot jaune. Déjà malchanceux dans l'étape de Genève, Alavoine doit répondre sur la route de Strasbourg à une attaque en règle des Belges, alors qu'il vient de crever. Le lendemain, il est à nouveau accidenté. Toute cette série noire le fera rétrograder à la seconde place à Paris où son retard sur Lambot sera d'une quarantaine de minutes. Il avait bel et bien perdu le Tour sur la route du Havre, dès le premier jour...✦

✦1923✦

Henri Pélissier rend le Tour à la France

L'innovation de l'année : une bonification de deux minutes attribuée aux vainqueurs d'étape. Parmi les 139 partants, les frères Pélissier : « Nous venons pour gagner », déclare Henri qui a fait engager dans l'équipe Automoto un Italien inconnu, Ottavio Bottecchia, lequel se met en évidence dès le deuxième jour en gagnant l'étape et en prenant le maillot jaune. Le lendemain Henri et Francis Pélissier s'assurent les deux premières places. Mais la grande offensive d'Henri aura lieu dans les Alpes, comme il l'avait annoncé, par les cols d'Allos et Izoard. Il termine seul à Briançon et endosse le maillot jaune. Il gagne encore le lendemain, son frère Francis dans son sillage. « Henri Pélissier nous a donné un spectacle d'art », devait reconnaître Desgrange.

Très fort jusque-là, Bottecchia se garde d'attaquer mais Henri Pélissier prédit : « Bottecchia me succédera l'an prochain. » Le Transalpin avait pourtant connu une fort mauvaise journée, l'estomac barbouillé, les jambes en coton. « On lui a fait le coup de Duboc », insinuent certains. Opinion partagée par le Belge Scieur qui a quitté le Tour malade comme un chien après avoir bu un bidon tendu par une main inconnue. La veille à l'hôtel il avait entendu dire « Lambot et Scieur sont dangereux, il faut les éliminer. » C'est ainsi qu'il se retrouva à l'hôpital, tandis que Lambot voyait une de ses manivelles casser en plein col : on l'avait sciée ! Aucune enquête ne fut engagée et l'affaire s'étouffa d'elle-même.

Les derniers jours furent une apothéose pour les Pélissier. Au Parc ce fut du délire. Enfin, un Français vainqueur, après la longue série de succès belges inaugurée en 1912 par Defraye !

1er HENRI PÉLISSIER
2e OTTAVIO BOTTECCHIA
3e ROMAIN BELLENGER

Alavoine dans les Pyrénées

Les cols pyrénéens sont le théâtre d'une bataille sans merci. Jacquinot, un « tout bon », tente un coup de force. Il franchit l'Aubisque devant Bottecchia et Alavoine, s'envole dans le Tourmalet mais, près du sommet de Peyresourde, alors que rien ne le laisse prévoir, c'est la défaillance brutale. Il s'affaisse dans un fossé : « Je suis mort… », gémit-il. Arrive Jean Alavoine : « Alors quoi, Robert, ça va pas ? – Ça ne va plus pour moi… mais je te salue, gars Jean ! » Et il lève sa casquette. Alavoine l'emporte à Luchon et prend la deuxième place au classement général. Il gagne encore à Nice, avant qu'une mauvaise chute dans l'Izoard ne le contraigne à l'abandon. ✦

✦ Ci-dessus : Le « gars Jean » escaladant un col.

✦ 1924 ✦

Bottecchia dans un Tour de forçats

Ce Tour de France, Ottavio Bottecchia va le gagner en super-champion : vainqueur de la première étape, invaincu dans les Pyrénées, il se paie même le luxe de gagner au sprint sur la piste du Parc des Princes.

Il avait pris le maillot jaune le premier jour pour ne plus le quitter. Seuls le Luxembourgeois Nicolas Frantz, ses propres compatriotes italiens Aymo et Brunero, ainsi que le Belge Lucien Buysse lui posèrent des problèmes dans Vars et l'Izoard, lui reprenant dix minutes à Briançon, mais il s'était déjà mis hors de portée. A Paris il précédait Nicolas Frantz de trente-cinq minutes et Lucien Buysse de plus d'une heure et demie.

L'ancien maçon du Frioul avait réalisé des progrès dans tous les domaines. A la fin du Tour 1923, il savait trois mots de français : « Pas de bananes, beaucoup café, merci » ; après son succès, il disait : « Pas fatigué, Français et Belges bons camarades, coureur bon métier », mais sur le vélo il ne manquait pas de vocabulaire. Avec lui, l'Italie remportait sa première victoire dans le Tour de France.

L'abandon des Pélissier

Le Tour 1924 restera marqué par un nouvel éclat des Pélissier. Pour lutter contre le froid durant les longues randonnées nocturnes Henri enfilait deux maillots. Aux premiers rayons de soleil il en enlevait un. Or le règlement interdisait de se séparer de quoi que ce fût en course. Sur la ligne de départ, dans la nuit de Cherbourg, un commissaire veut vérifier la tenue d'Henri. C'en est trop pour un Pélissier, « homme libre » (« Je m'appelle Pélissier et non Azor »). Car ses maillots lui appartenaient en propre. Apaisement. Les frangins prennent le départ mais, peu après, Henri s'approche de Francis : « Viens, on plaque ! »

Les premières lueurs de l'aube les trouvent attablés au café de la gare de Coutances devant une tasse de chocolat en compagnie d'Albert Londres, journaliste au *Petit-Parisien* qui rentre de Guyane où il a réalisé un reportage sur le bagne. Les Pélissier brossent alors un tableau apocalyptique de leur situation : « Vous n'avez pas idée de ce qu'est le Tour de France, c'est un calvaire. Et encore le chemin de croix n'avait que quatorze stations, le nôtre en comporte quinze… » Et d'énumérer leurs souffrances en forçant le ton. Le lendemain paraît l'article sous le titre « Les forçats de la route ». L'expression allait faire fortune. ✦

✦ Ci-contre : Les frères Pélissier (à droite) posent après leur abandon, à côté de la voiture d'Albert Londres.

1er OTTAVIO BOTTECCHIA
2e NICOLAS FRANTZ
3e LUCIEN BUYSSE

91 76-17

✦ 1925 ✦

Bottecchia récidive

Au terme du Tour précédent, Henri Desgrange était fort mécontent. Les arrivées en groupe s'étaient succédé et, une fois encore, des accords tacites avaient été conclus entre concurrents supposés adversaires. L'ingérence des constructeurs était manifeste. Bref, le « Patron » ne contrôle plus son monde comme jadis. En 1925, il est contraint de reconnaître l'esprit d'équipe et d'autoriser certains menus services entre coureurs. Une prime de « bonne conduite », sorte de trophée de la combativité, est créée. Cent trente coureurs prennent le départ. Bottecchia triomphe à nouveau dès le premier jour. Benoît prend le maillot jaune de Brest à Bayonne, le perd, triomphe à Luchon où il le reprend, mais, le lendemain, Bottecchia endosse définitivement la tunique d'or.

Pour Henri Desgrange et pour le public qui attendait énormément de la confrontation entre Henri Pélissier et Ottavio Bottecchia, la déception est immense. A l'exception d'une bataille acharnée dans la canicule de Provence, où Frantz perdit du temps, et de l'offensive de l'Italien Bartolomeo Aymo, premier à Briançon sous la pluie, avec dix minutes d'avance, cela après avoir franchi en tête les cols de Vars et d'Izoard, à l'exception de ces deux actions et d'une poignée d'autres péripéties mineures, jamais la course n'atteindra l'intensité souhaitable. Non seulement les coureurs appliquent l'esprit d'équipe, Lucien Buysse jouant au domestique et se gardant bien d'attaquer Bottecchia, mais les représentants d'une même nationalité s'entendent souvent sur le dos des marques, ou pour mieux servir l'une d'elles ! La course tourne à l'imbroglio, pour ne pas dire à la combine caractérisée. Mal remis d'une chute, Henri Pélissier avait abandonné vers Brest. Le « Patron » ne laissa pas passer l'occasion de lui lancer quelques traits venimeux. « Quel mal ne s'est pas donné Henri, l'année dernière, pour nous démontrer que les coureurs du Tour faisaient un métier de forçat et ne marchaient qu'à coups de drogue, comme un troupeau d'esclaves. Il trouva le moyen d'apitoyer le journal L'Humanité auquel il avait négligé d'apprendre qu'il s'était enrichi en courant. » L'aîné des Pélissier était âgé de 37 ans, il venait de dire adieu au Tour de France. ✦

✦ Ci-dessus : L'Italien Aymo, ici dans l'Izoard, triomphe à Briançon. Ci-contre : Bottecchia dans le Tourmalet.

1er OTTAVIO BOTTECCHIA
2e LUCIEN BUYSSE
3e BARTOLOMEO AYMO

1926

Lucien Buysse dans la boue

La course va commencer de fort belle manière avec les attaques de Jules Buysse, vainqueur le premier jour, et celles de Van Slembrouck, détenteur du maillot jaune jusqu'aux Pyrénées. Et là, en une seule journée, de Bayonne à Luchon, Lucien Buysse établit sa supériorité d'une façon définitive. Une étape de légende. La pluie commence à tomber dès le départ, transformant en bourbiers les routes de montagne. Une pluie pénétrante et glaciale. Un véritable déluge s'abat sur le massif pyrénéen. Dans l'Aubisque Lucien Buysse s'en va. On ne le reverra plus. A Luchon, où il arrive méconnaissable sous sa carapace de boue, il précède Aymo de vingt-cinq minutes et prend le maillot jaune. Derrière, c'est la débandade. Vers minuit surgissent encore une dizaine de rescapés, tandis qu'un chauffeur de car s'insurge : « C'est un scandale ! J'en ai ramené une douzaine dans mon car et ils ont refusé de me régler ! » D'autres rallièrent Luchon en voiture. Pour une fois magnanime, Lucien Cazalis ferma les yeux et régla la note, Henri Desgrange ayant décidé que tout le monde serait autorisé à repartir.

Les écarts étaient devenus trop importants pour que Buysse fût inquiété par la suite. D'ailleurs, il gagna encore l'étape suivante, Nicolas Frantz prenant le meilleur sur Aymo dans les étapes du Midi et dans les Alpes. Après quoi, les quarante et un rescapés gagnèrent Paris à l'allure d'un convoi funéraire.

✦ Ci-dessus : Bottecchia (à droite) félicite Van Dam, vainqueur à Bordeaux.
Ci-contre : Lucien Buysse sans fard.

1er LUCIEN BUYSSE
2e NICOLAS FRANTZ
3e BARTOLOMEO AYMO

Le Tour part d'Évian

« Il faut réduire le temps entre la sortie des Alpes et l'arrivée à Paris. Les promenades en groupe ne signifient rien, elles finissent par lasser le public. – On ne peut tout de même pas déplacer les montagnes », répond Lucien Cazalis à Henri Desgrange. Certes, mais on pourrait peut-être déplacer le départ, pense le « Patron ». Un mois plus tard, au printemps 1926, la décision est prise : « Cette année, le Tour de France commencera à Évian pour y revenir après quinze étapes, au soir de la dernière étape alpestre. De là on gagnera Paris en deux enjambées. » La course présentera 5 745 kilomètres, un record. Henri Desgrange ignorait qu'il était en train de bâtir l'un des Tours les plus monotones et les plus décevants de l'histoire. Une course dont on dira plus tard qu'elle a marqué le début d'une décadence.✦

Hutchinson

✦ 1927 ✦

Nicolas Frantz, par équipes contre la montre

Le Tour 1926 ayant laissé une image très négative, Henri Desgrange imagine une formule révolutionnaire : des étapes de plaine seront courues sous la forme de courses contre la montre par équipes. Francis Pélissier et le groupe Dilecta prennent un départ ultrarapide, mais le « Grand », souffrant, doit bientôt abandonner.

Son coéquipier Ferdinand Le Drogo, trop prodigue de ses efforts sur ses terres bretonnes, s'effondre lui aussi et toute l'équipe se retire. Pendant ce temps les Alcyon se placent dans la perspective des grands combats dans la montagne. Puis le Luxembourgeois Nicolas Frantz s'impose nettement à Luchon, devant Benoit et Leducq, lequel a démontré d'extraordinaires qualités de descendeur. Les « bleu ciel » occupent alors les quatre premières places et Frantz porte le maillot jaune. A Toulon, Antonin Magne triomphe détaché. Il réalise ensuite une admirable ascension du Galibier dans la boue, assurant ainsi la cinquième place à Paris, où Leducq gagne au terme d'une échappée. Au bout du compte, Nicolas Frantz, fort bien entouré, précède de deux heures son ami De Waele, Julien Vervaecke et André Leducq.

✦ Ci-dessus : Un petit coup pour la route... Ci-contre : Nicolas Frantz mène la danse.

1er NICOLAS FRANTZ
2e MAURICE DE WAELE
3e JULIEN VERVAECKE

Le coup de Jarnac de Gordini

Il pleut sur Bayonne à minuit, heure du départ pour Luchon, et personne ne songe à déclencher l'offensive. Les heures passent. Soudain un spectateur immobile dans la nuit crie à la cantonade que « l'isolé » Gordini est passé depuis trois quarts d'heure ! Dans un premier temps les officiels haussent les épaules, mais Desgrange délègue quand même une voiture à l'avant pour vérifier l'information. Deux heures plus tard, les commissaires reviennent avec cette réponse : « Gordini s'est bel et bien échappé ! »

L'audacieux avait en effet profité des ténèbres pour fausser compagnie au peloton dès la sortie de Bayonne et nul n'avait remarqué sa fuite. Il sera rejoint par Nicolas Frantz au Tourmalet seulement, et cela dans des conditions atmosphériques épouvantables, mais il se classera tout de même cinquième à Luchon. ✦

VILLE
DES

✦ 1928 ✦

Frantz bis

Départs séparés par équipes jusqu'aux Pyrénées, course en ligne jusqu'à évian avant de retrouver le contre la montre par équipes.

La formule bâtarde du Tour précédent est maintenue, bien que Desgrange soit convaincu de ses imperfections. Celles-ci dues aux énormes différences de valeur entre les équipes au plan du nombre variable et de la qualité des coureurs qui les composent.

Dès le départ les Alcyon démontrent leur supériorité et Nicolas Frantz endosse le maillot jaune au terme de la première étape. Il ne va plus le quitter. Au Parc des Princes, André Leducq, brillant mais malchanceux, termine derrière Frantz et devant De Waele, Antonin Magne – qui s'est illustré dans les Alpes – prenant la sixième place.

Deux fois victorieux en deux ans, le Luxembourgeois était, certes, un coureur de qualité, bon grimpeur, très résistant, mais il faut bien reconnaître que son appartenance à l'équipe Alcyon lui avait beaucoup facilité les choses.

✦ Ci-contre : Aux Sables-d'Olonne, Nicolas Frantz, le vainqueur du jour, est accueilli comme il se doit.

1er NICOLAS FRANTZ
2e ANDRÉ LEDUCQ
3e MAURICE DE WAELE

Victor Fontan : une lutte par trop inégale

Le Béarnais Victor Fontan, âgé de 36 ans, participe au Tour pour la première fois, au sein du groupe Pyrénées – on avait introduit les équipes régionales dans la Grande Boucle. Mais sa formation est trop faible, qui lui interdit de lutter à armes égales avec Frantz et consorts. Au pied des Pyrénées, il a déjà perdu 1 h 45 sur le Luxembourgeois au classement général et il occupe la dernière position, ayant jusque-là passé le plus clair de son temps à exhorter et secourir ses quatre équipiers. Fontan – ce fut, avec Vietto, le plus bel escaladeur que le cyclisme français ait connu – traverse les Pyrénées au milieu d'un enthousiasme extraordinaire et gagne à Luchon avec sept minutes d'avance sur Nicolas Frantz.

Par la suite, Victor Fontan allait perdre la bagatelle de cinq heures dans les étapes contre la montre ! Si ce même Fontan avait couru pour Alcyon et si Frantz avait appartenu à l'équipe Pyrénées, le Béarnais eût battu le Luxembourgeois de cinq heures exactement, et non pas terminé septième au Parc. ✦

✦ 1929 ✦

De Waele dans le clair-obscur

Retour à la course individuelle, chaque coureur étant censé courir pour lui-même, toute forme d'entraide étant interdite. A Brest, trois hommes à égalité de temps portent le maillot jaune : Frantz et Fontan, les deux favoris, plus André Leducq, un outsider. Fontan pédale « dans l'huile » et reprend la tunique d'or à Luchon. Le lendemain, peu après le départ dans la nuit, il tombe dans un caniveau : fourche cassée. Il marche longtemps dans l'obscurité, tirant son vélo ; il réveille les habitants d'un hameau, puis se hisse sur une vieille bécane prêtée par un paysan. Celle-ci n'était pas à sa taille et, loin devant, les Alcyon sonnaient la charge. Après qu'il eut repris la moitié de l'heure de retard qu'il avait ainsi accumulée, le Pyrénéen perd le moral. Le destin était trop injuste ! Il pose pied à terre, ayant parcouru 144 kilomètres seul dans la nuit, et abandonne, pleurant comme un enfant, la tête prise entre ses mains.

Après l'abandon de Fontan, le Belge Maurice De Waele, très régulier, prend la tête de l'épreuve et la conservera, en dépit d'un état de santé déficient. Fiévreux, grelottant, l'estomac et les jambes semblant refuser tout service, De Waele n'est guère fringant au départ des étapes alpestres. « Vous l'encadrerez, vous l'attendrez, mais soyez tout souriants pour que personne ne s'aperçoive qu'il est malade », recommande à ses coureurs Ludovic Feuillet, le directeur sportif d'Alcyon. Les consignes furent observées, les « bleu ciel » contrôlèrent la course et De Waele put arriver en vainqueur à Paris.

« On a fait gagner un cadavre ! Comment un maillot jaune aussi facile à dépouiller a-t-il pu conserver la première place ? Pourquoi ses adversaires se sont-ils montrés aussi peu efficaces ? Que penser de leur tactique et de la valeur réelle du vainqueur ? » s'interrogeait Henri Desgrange incrédule. Le rideau venait de tomber sur l'époque la plus ténébreuse du Tour.. ✦

✦ Ci-dessus : Le valeureux Fontan, par trop méconnu.
Ci-contre : De Waele vainqueur pas très fringant.

1er MAURICE DE WAELE
2e GIUSEPPE PANCERA
3e JEF DEMUYSÈRE

✦ 1930 ✦

Leducq et les « tricolores »

« Ça ne peut plus durer ainsi ! » avait tonné Henri Desgrange à la fin du Tour 1929, marqué par les embrouilles. Et, de fait, ça change : la course opposera des équipes nationales, l'effectif étant complété par la catégorie des touristes routiers. Apparaissent également plusieurs voitures « extra-sportives », embryon de notre caravane publicitaire moderne.

Dès les premiers jours, la course prend la forme d'un duel franco-italien et, plus précisément, d'un duel de routiers-sprinters opposant Charles Pélissier et Leducq à Binda et Guerra. Le populaire « Charlot », vainqueur de Binda à Caen, terme de la première étape, s'incline le lendemain devant Guerra pour prendre sa revanche le troisième jour. Le maillot jaune orne les épaules de Learco Guerra. Avant Bordeaux, une chute collective contraint Victor Fontan à un nouvel abandon : ce champion trop méconnu restera comme le damné du Tour de France.

A Pau, Alfredo Binda bat Charles Pélissier au sprint, puis il gagne la grande étape des Pyrénées à Luchon, devant Pierre Magne et Leducq, lequel occupe la première place au classement général. L'attitude de Binda intrigue les observateurs, qui passe de la résignation à l'euphorie athlétique. On le soupçonne de s'ennuyer sur le Tour ; grave et silencieux, courtois mais secret, il fuit les questions – en fait, il pense beaucoup au prochain championnat du monde. Dans la descente du Portet, il casse sa selle et, sourd aux adjurations italiennes, abandonne.

Leducq : du drame au triomphe

L'équipe de France, André Leducq en jaune, domine et truste les victoires d'étapes : douze au total, dont huit à l'actif de Charles Pélissier. La France, sentimentale et cocardière, s'est prise d'un coup de cœur pour « son » Tour et « son » équipe nationale.

✦ Ci-contre : Après sa chute, André Leducq et Marcel Bidot mènent la poursuite.

1er ANDRÉ LEDUCQ
2e LEARCO GUERRA
3e ANTONIN MAGNE

L'édition 1930 a connu un succès populaire et sportif sans précédent, la formule des équipes nationales sera reconduite. Porteur du maillot jaune, André Leducq se lance dans la descente du Galibier tous freins lâchés, car il est un grand spécialiste de cet exercice, mais il dérape sur le sol caillouteux et part en vol plané, à plus de 70 à l'heure. Le choc est épouvantable. Quand Pierre Magne relève Leducq, blessé aux mains et aux genoux, celui-ci est à demi inconscient. Remis sur sa bicyclette, il entreprend la montée du Télégraphe. C'est alors qu'une de ses pédales casse net. Deuxième chute. Lui, il n'y croit plus ! Mais, on finit par lui trouver une pédale et il peut repartir avec Bidot qui l'accompagne, puis, heureux hasard, Pierre et Antonin Magne, Charles Pélissier et Jules Merviel arrivés entre-temps. Devant, Guerra et Demuysère pédalent comme des forcenés.

La poursuite s'engage, épique. Soixante-quinze kilomètres durant lesquels les Français foncent animés par une sorte de fureur sacrée. Et Guerra sera rejoint ! Sous le coup de l'exaltation, Leducq gagne l'étape au sprint devant Pélissier. Le maillot jaune était sauvé. Et cette chevauchée de l'équipe de France était promise à la légende. ✦

✦ 1931 ✦

Antonin Magne le taciturne

De Paris à Hendaye, les arrivées au sprint se succèdent sans écarts importants et dix coureurs sont à égalité de temps au seuil des Pyrénées, mais aucun ne porte la tunique d'or. La course commence alors réellement. Dans la montée des cols, les Belges se déchaînent, mais « l'escadron noir » subit de trop nombreuses crevaisons et Antonin Magne triomphe à Luchon, prenant le maillot jaune devant Demuysère et Pesenti. Entre Nice et Gap, ces deux derniers s'échappent. Mis en difficulté, « Tonin » est rejoint par Charles Pélissier, lequel se met « à plat ventre » pour son leader. Le maillot jaune est sauvé.

A deux étapes de l'arrivée, sur les pavés du Nord, Antonin Magne subit encore une attaque en règle des Belges Demuysère et Rebry qui, sous une pluie glaciale, tentent de le distancer. « Tonin » dérape en sautant des rails de tramway. Chute heureusement sans gravité, mais il lui faut fournir un effort inouï pour recoller à Demuysère.

Après, ce sera la valse infernale d'un trottoir à l'autre, sur les « cyclables » ou entre les rails de tramway et sur les pavés rendus glissants par la pluie. Harcelé par ces deux spécialistes des parcours nordistes, « Tonin » subit l'enfer mais ne cède pas. Rebry franchit le premier la ligne d'arrivée : la très longue frayeur du Français prenait fin. La victoire finale ne devait pas échapper à l'Auvergnat d'Itrac.

✦ Ci-contre : A Charleville, Raphaël Di Paco est furieux contre Charles Pélissier.

1er ANTONIN MAGNE
2e JEF DEMUYSÈRE
3e ANTONIO PESENTI

Les sprints Pélissier-Di Paco

Le Français Charles Pélissier et l'Italien Raphaël Di Paco, deux magnifiques routiers-sprinters, se livrent à un duel implacable et de toute beauté, en marge de la lutte pour la victoire finale qui oppose Antonin Magne et Jef Demuysère. Chassé-croisé des deux hommes en tête du classement général dans la première partie du Tour et, sans cesse, sprints éblouissants pour les victoires d'étapes, au point que l'affrontement quasi quotidien dégénéra en pugilat à Charleville. Le Français sera déclassé au profit du Transalpin. Au final, égalité parfaite entre les deux hommes : Pélissier s'octroie au Parc des Princes sa cinquième étape mais Di Paco l'emporte cinq fois également, Charleville l'ayant vu vainqueur après le déclassement de son rival.

Charles Pélissier alliait à une distinction d'homme du monde une grande classe naturelle et des qualités mentales et physiques qui en faisaient un attaquant de première force, un finisseur hors pair et un équipier de choix au courage à toute épreuve. De ses frères il avait hérité la hargne et le panache, le sens de la course et le goût pour l'exploit. Il donnait au cyclisme un lustre nouveau, exerçant un immense pouvoir de séduction sur le public dont il était devenu l'enfant chéri.✦

✦ 1932 ✦

L'apogée de Leducq

Henri Desgrange offre des bonifications encore plus substantielles aux premiers de chaque étape (quatre minutes au vainqueur). Pense-t-il, alors, à son chouchou Charles Pélissier ? En tout cas, voilà qui eût convenu à « Charlot » mais, hélas, celui-ci n'était pas de la partie, et Antonin Magne non plus. Et c'est André Leducq, qui n'est pas particulièrement l'ami de Pélissier, qui est bénéficiaire de l'aventure. Le rapide Jean Aerts, premier maillot jaune, cède la tunique le lendemain à l'Allemand Stoepel, qui la conservera jusqu'à Bordeaux, où Leducq lui succédera après qu'il eut gagné l'étape devant Di Paco.

Brouillard, pluie et boue sur les Pyrénées où Trueba, Benoît Faure et Pesenti se mettent en évidence, mais Leducq n'est jamais très loin. Dans les Alpes, le joyeux Dédé prend du champ et gagne les deux grandes étapes de cols, dont celle du Galibier escaladé sous la neige. Dès lors, la course est ficelée… André Leducq a basé fort intelligemment sa stratégie sur les victoires d'étapes, dispensatrices de fortes bonifications, et des étapes, il en gagnera six, dont les deux dernières !

Avec quatre victoires, Di Paco venait au second rang dans la confrérie des « chasseurs de primes », ayant bénéficié du déclassement de Leducq… à Charleville. Les Belges avaient vécu un Tour de désolation et de zizanies, le rapide Jean Aerts et Jef Demuysère, celui-ci second du Tour d'Italie derrière Binda, ayant couru chacun pour son propre compte, de même que Georges Ronsse, d'ailleurs. Mais Leducq s'était affirmé beaucoup trop fort et l'Allemand Stoepel terminait second devant l'Italien Camusso. ✦

✦ Tours d'honneur pour André Leducq, au sommet de son art.

1er ANDRÉ LEDUCQ
2e KURT STOEPEL
3e FRANCESCO CAMUSSO

✦ 1933 ✦

Speicher, le roi des descendeurs

✦ Page de droite : Georges Speicher, le Tour en prélude au championnat du monde.

Leducq, Magne, Pélissier, Speicher, Archambaud, Le Grévès, Lapébie, Le Calvez... De fameux coureurs, de fortes personnalités, mais aussi des copains pour qui tout devient simple sur la route. Voilà l'équipe de France 1933. Après un début de course percutant qui l'a montré battant les Belges à Lille, Maurice Archambaud porte encore le maillot jaune au pied des Alpes – le Tour évoluant d'ouest en est. Une cabriole survenant entre Évian et Aix-les-Bains va mettre Archambaud en difficulté, mais Speicher et Le Grévès le tirent de ce mauvais pas. L'Italien Guerra, qui s'est rapproché à la faveur de cet incident et l'a emporté à Aix-les-Bains, attaque le lendemain, et gagne encore à Grenoble.

Le maillot jaune marque le pas alors que Speicher s'améliore de jour en jour. Il franchit le Galibier avec près de treize minutes de retard sur le grimpeur espagnol Trueba, mais une descente étourdissante lui permet de réduire cet écart à six minutes à l'arrivée. Il était un maître dans cet exercice de virtuosité, se révélant supérieur à Leducq, celui-ci considéré jusqu'alors comme l'archétype de la spécialité. Puis, Speicher triomphe à Gap et passe troisième au classement général. Pour sa part, Archambaud s'effondre dans le col de Vars tandis que Speicher gagne encore à Digne. Le maillot jaune est porté par Georges Lemaire, le « poussin dans la couvée de canards » de l'équipe belge, seul Wallon parmi les Flamands. Quant à Maurice Archambaud, débordé à Gap, moribond à Digne, il franchit quasi miraculeusement les cols de la boucle de Sospel, pour gagner à Cannes et arracher le maillot jaune à Lemaire ! Ce sera son chant du cygne. Dès le lendemain, sur la route de Marseille, une offensive d'isolés est « contrée » par Speicher, Magne et Lapébie. A l'inverse, Archambaud, très abattu et victime d'une crevaison, ne peut suivre. A nouveau Speicher l'emporte sur la Canebière, détrônant son coéquipier : « Je ne pensais pas au maillot mais à la victoire d'étape », dira-t-il.

Les Pyrénées seront passées sans encombre par Georges Speicher, mais non par Georges Lemaire encore bien placé au Tourmalet, qu'une crevaison retardera ! Ses équipiers l'ignoreront superbement, le condamnant à l'échec (quatrième à Paris, derrière Speicher, Guerra et Martano). « J'ai bien roulé pendant tout le Tour, et le seul jour où je suis moins à mon affaire, on me laisse en plan. Ce n'est pas joli joli », commentera-t-il à Tarbes... où son « camarade » Jean Aerts l'a emporté. Deux mois plus tard, Georges Lemaire perdait la vie lors d'un accident en course. ✦

1er GEORGES SPEICHER
2e LEARCO GUERRA
3e GIUSEPPE MARTANO

Meilleur grimpeur :
VICENTE TRUEBA

RG4

✦ 1934 ✦

L'apothéose de « Tonin »

Ce Tour restera à jamais marqué par deux noms : Magne et Vietto. Victoire de l'un, sacrifice de l'autre. Dès le début, l'emprise de l'équipe de France tourne à la démonstration : Speicher, Le Grévès, Lapébie deux fois de suite, Le Grévès et Speicher ex-aequo, puis Speicher encore : autant d'étapes jusqu'aux Alpes, autant de victoires, avec en prime le maillot jaune, propriété d'Antonin Magne depuis le deuxième jour.

C'est, alors, à René Vietto d'entrer en action. Première étape alpestre victorieuse avec trois minutes d'avance : « La course est encore longue et je n'ai pas voulu forcer dans le Galibier », dit-il. Il continue son magnifique récital dans Vars et Allos et termine encore seul à Digne. Puis, il récidive devant les siens à Cannes, dans un enthousiasme indescriptible.

Ensuite, ce sera les Pyrénées. Deux incidents de course en deux jours, et les mêmes acteurs. « Tonin » brise sa roue lors d'une chute. Vietto s'immobilise et lui passe la sienne. Puis, Speicher survient. Grâce au dévouement de l'équipe, les dégâts sont limités – Lapébie a filé devant pour rejoindre Martano, le seul rival sérieux de Magne, et le battre au sprint à l'arrivée, obtenant ainsi sa cinquième victoire d'étape. Bis repetita le lendemain. Nouvel accident de « Tonin ». Et Vietto lui offrant son vélo va entrer dans la légende.

Le jour suivant, Antonin Magne démontre qu'il est bien le meilleur et assomme ses rivaux Trueba et Martano – il confirmera encore sa supériorité quelques jours plus tard dans l'épreuve contre la montre individuelle, une innovation de ce Tour.

Pour ne pas être en reste, Vietto réalise un splendide raid solitaire dans les cols et gagne à Pau, enlevant ainsi le premier Grand Prix de la montagne. Au Parc des Princes, Antonin Magne et René Vietto effectueront leur tour d'honneur se tenant par l'épaule. Toute l'histoire de ce Tour 1934 est contenue dans cette image.

Le sacrifice de René Vietto

« Vite, René, passe-moi ton vélo ! – Non, prends ma roue... » Et Antonin Magne repart, tandis que René Vietto, 20 ans, vient de se sacrifier une première fois. Le lendemain, le maillot jaune est à nouveau accidenté. « Cette fois c'est fichu ! » lâche Tonin. Mais il n'en croit pas ses yeux : Vietto arrive, escaladant le col en sens inverse, et lui tend sa machine. Un motocycliste l'a rejoint dans la descente : « Tonin est en carafe un peu plus haut. Grouille-toi ! » Et René a fait demi-tour en vitesse, renonçant à une possible victoire d'étape et à une place d'honneur au Parc des Princes. Une fois Tonin parti, il s'assied sur le parapet et attend le camion de dépannage. Il attendra longtemps, très longtemps, pleurant ses ambitions perdues.

Grimpeur de talent, René Vietto avait marqué ce Tour 1934. Par son sacrifice, mais aussi par ses exploits en montagne puisqu'il enleva quatre étapes avec grand panache. Ses exploits et son sacrifice allaient en faire un personnage quasi mythique au regard de l'opinion. ✦

✦ Antonin Magne conversant avec Jacques Goddet à Nice.

1er ANTONIN MAGNE
2e GIUSEPPE MARTANO
3e ROGER LAPÉBIE

Meilleur grimpeur :
RENÉ VIETTO

✦ 1935 ✦

Romain Maës de bout en bout

Les Belges ont découvert, enfin, que les zizanies au sein de « l'escadron noir » les condamnaient irrémédiablement à l'échec. Aussi, abordent-ils la première étape, Paris-Lille, gonflés à bloc, comme on dit. Romain Maës s'échappe sur les pavés de Bruay-en-Artois et résiste à ses poursuivants, ces derniers retardés à un passage à niveau. Il enfile le maillot jaune… et ne le quittera plus.

Car, la belle unité de l'équipe de France s'est envolée. Plusieurs de ses membres sont hors de condition, Antonin Magne étant contraint à l'abandon par une chute. Certes, les « tricolores » s'adjugent encore treize étapes – mais dix-neuf en 1934 ! – démontrant par là que leur valeur individuelle n'est pas en cause. René Vietto fait à nouveau étalage de ses qualités de grimpeur, mais il est trop loin au classement ; le premier Français, Georges Speicher, pas au mieux de sa forme, termine sixième au Parc des Princes où Romain Maës met un point d'honneur à gagner la dernière étape.

✦ Ci-contre : Romain Maës : la bonne échappée.

La chute d'Antonin Magne

Antonin Magne est deuxième au classement général. Il a fait jusque-là une course toute de prudence en attendant la montagne où il compte abattre toutes ses cartes. On se dirige vers le col du Télégraphe, avant d'attaquer le Galibier. Soudain, la course s'anime : Benoît Faure vient de s'échapper. Son attaque provoque un certain affolement. Les coureurs s'arrêtent pour passer sur la grande vitesse – le dérailleur existe mais n'est pas autorisé par le Tour de France. Une voiture fait une embardée pour éviter un concurrent et percute un véhicule à l'arrêt. Les coureurs qui rappliquent dare-dare après le retournement de roue sont surpris par l'accident de voiture et voltigent en tout sens. Parmi eux Antonin Magne. Un coup de pédale lui a sectionné un muscle de la jambe gauche. Il tente de repartir, mais doit se résoudre à l'abandon avant le col du Télégraphe. La disparition de « Tonin » prive l'équipe de France de son meilleur élément, en fait de ses seules chances de victoire au Parc des Princes.✦

1er ROMAIN MAËS
2e AMBROSIO MORELLI
3e FÉLICIEN VERVAECKE

Meilleur grimpeur :
FÉLICIEN VERVAECKE

1936

Un autre Maës prénommé Sylvère

Valse de maillots jaunes au début du Tour. Maurice Archambaud le porte des Vosges au pied des Alpes mais le Belge Sylvère Maës l'en dépossède à Briançon. Antonin Magne, sur qui reposent les espoirs des Français, est à l'affût en troisième position. La lutte est sévère entre ces deux derniers mais le Belge conforte son avance et triomphe dans les Pyrénées où l'on attendait plutôt le Français. Victime d'une crevaison dans la descente de Peyresourde, celui-ci n'a pu refaire son retard sur les Belges Maës et Vervaecke, et il a perdu là plus d'un quart d'heure. A Paris, il devra se satisfaire de la deuxième place derrière Sylvère Maës, vainqueur incontestable.

Au bout du compte, seul parmi les « tricolores » le rapide René Le Grévès avait tiré son épingle du jeu, s'étant octroyé six étapes.

A Briançon avait triomphé le Breton Jean-Marie Goasmat, grimpeur de talent mais piètre descendeur. Tous freins serrés, jambes écartées, raclant le sol de la semelle et implorant Notre-Dame d'Auray, il n'avait plus rien alors du brillant escaladeur que l'on admirait dans les montées. A Georges Briquet, célèbre journaliste et reporter, qui lui criait : « Mais vas-y franchement, bon Dieu ! » il répondit en colère : « Toi tu seras content quand j'aurai cassé la gueule ! » Et il serra plus fort les freins.

✦ Ci-contre : 10e étape, deux maillots jaunes, Vicini et Sylvère Maës.

1er SYLVÈRE MAËS
2e ANTONIN MAGNE
3e FÉLICIEN VERVAECKE

Meilleur grimpeur :
JULIEN BERRENDERO

Jacques Goddet dirige le Tour

Dès le deuxième jour, abandon d'Henri Desgrange, 71 ans. Quelques semaines auparavant il a subi une sérieuse intervention chirurgicale et malgré sa robuste constitution il doit quitter le Tour. La responsabilité générale revient, alors, à Jacques Goddet, son collaborateur le plus direct, rédacteur en chef de *L'Auto*.

Le nouveau directeur de la course par intérim, fils de Victor Goddet, l'associé de Desgrange dans la fondation de *L'Auto* et du Tour, était passé par toutes les arcanes du journal, ayant fait un stage dans chaque service... Il suivait le Tour depuis plusieurs années déjà. La course tombait en de bonnes mains.✦

✦ 1937 ✦

Roger Lapébie dans un état de crise

Absents du Tour précédent, les Italiens reviennent dans le sillage du grand espoir Gino Bartali, 22 ans. D'entrée de jeu, celui-ci démontre ses qualités au Ballon d'Alsace ; puis, il affirme tout son talent dans les Alpes. Il s'impose facilement à Briançon où il prend le maillot jaune, mais une chute ruine ses espoirs. Mal remis, il ne peut résister aux assauts de ses adversaires, les Belges notamment, et Sylvère Maës s'empare de la tunique d'or.

Les Belges disposent d'un collectif supérieur dans le contre la montre par équipes. Craignant pour l'intérêt de l'épreuve, Henri Desgrange décide très arbitrairement de supprimer tous les secteurs prévus « par équipe ». Protestation des Belges, effarement d'une partie de la presse, mais le « Patron » refuse de revenir sur sa décision !

La tension monte. Pénalisé de quinze secondes pour avoir reçu l'aide d'« individuels » belges, Sylvère Maës n'a plus que vingt-cinq secondes d'avance sur le Bordelais Roger Lapébie, lequel gagne dans sa ville. Les Belges sont conspués. Ils quittent alors le Tour. Et Roger Lapébie, athlète complet, inscrit son nom au palmarès.

La chute de Bartali

Au départ de Grenoble, Gino Bartali est vêtu de jaune. Il précède les Belges Vissers et Sylvère Maës de plus de neuf minutes, Roger Lapébie de douze. Après la traversée d'Embrun, sur une route sinueuse rendue glissante par la pluie, Rossi mène, Bartali et Camusso dans son sillage. Au passage d'un petit pont de bois qui enjambe un torrent, Rossi dérape et entraîne dans la chute le maillot jaune qui, emporté par l'élan, passe par-dessus la rambarde et plonge dans le lit du torrent. Il est sorti de l'eau par Camusso mais souffre d'un choc violent à la poitrine. Son bras et son genou gauche ruissellent de sang, il respire avec difficulté, son équipement dégouline. « Accompagné, poussé, tiré par Camusso, il parvient à gagner Briançon où son maillot jaune, couvert de boue et de sang, fit sensation », écrira Georges Briquet. Il conserve néanmoins son précieux maillot. Au menu du lendemain, les cols d'Izoard, de Vars et d'Allos : le plus dur morceau assurément ! Gino le Pieux se ressent des séquelles d'une broncho-pneumonie. Il endure un calvaire sous le regard apitoyé de Camusso qui l'aide de son mieux. A l'arrivée il a perdu vingt minutes. Il cédera encore du terrain avant de quitter la course à Marseille.✦

✦ Ci-contre : Roger Lapébie parmi ses supporters.

1er ROGER LAPÉBIE
2e MARIO VICINI
3e LÉO AMBERG

Meilleur grimpeur :
FÉLICIEN VERVAECKE

✦ 1938 ✦

Les envols de Bartali

Pas de gros écarts durant les premières étapes, au point que le « vieux » André Leducq porte le maillot jaune avant d'aborder les Pyrénées – on tourne d'est en ouest. Le Belge Félicien Vervaecke lui succède, tandis que Sylvère Maës connaît un fléchissement. Au pied des Alpes, Gino Bartali, qui a décidé de lâcher du lest jusque-là, déclare neuf minutes de retard relativement au Flamand, homme du Tour par excellence (quatrième en 1934, troisième en 1935 et 1936). Or il n'y aura pas de lutte.

Le col d'Allos donne à l'Italien l'occasion d'éparpiller la meute. Et dans l'Izoard, c'est un festival ! Il sème ses derniers compagnons de route à dix kilomètres du sommet. Derrière lui, on sonne le tocsin. « Droit, puissant, souple, sans le moindre déhanchement, il disparut aux yeux de ses deux dernières victimes... », écrira un témoin. A Briançon, où ses compatriotes en délire l'accueillent – « N'y touchez pas, c'est un dieu ! » s'écrie un général italien en écartant la foule – il endosse définitivement le maillot jaune. Les Belges ne s'avoueront pas vaincus, le harcèleront encore, mais Gino ne cédera pas.

Leducq-Magne : l'adieu de deux Grands

La dernière étape du Tour, Lille-Paris, devait prendre la physionomie d'une course du souvenir pour Antonin Magne et André Leducq, 34 ans l'un et l'autre. Ils s'en furent ensemble à une cinquantaine de kilomètres de Paris, par une chaleur torride, et franchirent la ligne d'arrivée au Parc des Princes, se tenant par l'épaule, tels de vieux frères. Ils étaient du même âge, séparés de douze jours, « Tonin » étant l'aîné ; ils avaient débuté dans le Tour ensemble, en 1927 ; ils s'étaient également abstenus tous les deux en 1937 ; ils avaient ramené le maillot jaune deux fois chacun ; et ils disaient, toujours ensemble, adieu au Tour de leur jeunesse, se classant exaequo sur la piste rose devant cinquante mille spectateurs chavirés ! ✦

✦ Gino Bartali a porté l'estocade (ci-contre) et poursuit son festival dans la Casse déserte de l'Izoard (double page suivante).

1er GINO BARTALI
2e FÉLICIEN VERVAECKE
3e VICTOR COSSON

Meilleur grimpeur :
GINO BARTALI

✦ 1939 ✦

Sylvère Maës trois ans plus tard

En cet été 1939, l'Europe est en crise. Ainsi, n'y a-t-il ni Allemands, ni Italiens au départ de Paris, non plus d'Espagnols, ces derniers mal remis de la guerre civile. Henri Desgrange pallie ces absences en créant les équipes régionales, décision heureuse qui va assurer le succès populaire et sportif de l'épreuve.

Car, ces régionaux attaquent d'emblée, tandis que René Vietto gère bien son temps et s'empare du maillot jaune, le quatrième jour. Mais les Belges sont là, menaçants. Au matin de la grande étape Digne-Briançon, le maillot de Vietto ne tient qu'à un fil : moins de deux minutes d'avance sur Sylvère Maës. De plus, il traîne un mauvais rhume. Dans l'Izoard, Maës attaque franchement et Vietto lâche prise : dix-sept minutes de retard à l'arrivée ! Le nouveau leader augmente encore son avance dans le parcours contre la montre, le lendemain, par l'Iseran.

Second au Parc des Princes, René Vietto concluait : « L'année prochaine je n'aurai que 26 ans. Je ne serai pas toujours enrhumé et le Tour sera pour moi ! »

Mais il n'y eut pas d'année prochaine pour le Tour, c'était la guerre.

✦ Ci-dessus : René Vietto, l'une des grandes figures de la légende du Tour, va perdre son maillot jaune. Ci-contre : L'escadron noir à l'œuvre, Vissers, Vlaemynck et Maës dans le col de Vars.

1er SYLVÈRE MAËS
2e RENÉ VIETTO
3e LUCIEN VLAEMYNCK

Meilleur grimpeur :
SYLVÈRE MAËS

Le retour de Vietto

Après des années de vaches maigres René Vietto renaît en 1939. S'il ne ressemble plus tout à fait au jeune premier qui avait conquis le cœur des foules en 1934, l'homme a pris de la maturité. Il a conservé une âme pure, mais il n'est pas naïf pour autant. Or, André Trialoux, l'ancien commissaire de l'affaire des maillots au temps d'Henri Pélissier, devenu directeur sportif d'Helyett, gère les gains du Cannois. Celui-ci éprouve les pires difficultés à recevoir des comptes clairs de son « homme d'affaires ». Bref, il s'est laissé berner et a perdu l'essentiel de sa fortune. « Si je gagne le Tour, verrai-je la couleur de mon argent ? » s'inquiète-t-il à Digne, avant l'attaque des grands cols alpestres.

René n'est donc pas dans les meilleures conditions pour aborder l'Izoard. Dans l'interminable montée, Sylvère Maës démarre très sèchement. Vietto est décramponné. Dix mètres, vingt mètres. L'écart grandit. Enrhumé, Vietto étouffe de plus en plus. « Il perd du terrain, se laisse dépasser. Tout s'envole à la fois pour lui, Sylvère Maës, le maillot jaune et le Tour de France », écrit Georges Briquet. C'en est fait de ses espérances, il ne sera qu'un second au Parc des Princes.✦

1947

Robic, vainqueur au maillot blanc

Rendez-vous au Palais-Royal pour le départ du Tour de la reprise, dirigé par Jacques Goddet et organisé en association par *L'Équipe* et *Le Parisien libéré*. René Vietto est là, favori dans le cœur des Français. A Lille, triomphe un Suisse un peu fou, attaquant frénétique : Ferdi Kubler. A Bruxelles, surprise ! sur les pavés arrive seul René Vietto, l'homme de la montagne, qui s'empare du maillot jaune, Ronconi lui succédera au terme d'une troisième étape accablante (Lille-Luxembourg). Le Breton Jean Robic, le « roi de la Chartreuse », triomphe à Grenoble, avant que Camellini, l'homme du Galibier, ne s'impose à Briançon. Le tandem Vietto-Lazaridès, le maître et l'élève, s'octroie l'étape à Digne, où le « Roi René » reprend le maillot jaune. Camellini, Fachleitner, Massal, Teisseire s'illustrent ensuite, mais, plus encore, Albert Bourlon qui de Carcassonne à Luchon mène à bien un raid solitaire de 253 kilomètres – le record.

Depuis le premier jour Robic ne cesse de prôner l'attaque. Il croit fermement en ses chances, l'affirme et, caractère difficile, se crée des inimitiés au sein même de son équipe. Lors de la grande étape des Pyrénées, il va frapper fort. Dès les premières pentes de Peyresourde, il s'extirpe du peloton en compagnie de l'Italien de France Pierre Brambilla, qu'il lâche peu après. Il va parcourir seul plus de 190 kilomètres, casque vissé sur la tête, mouchoir en guise de protège-nuque, dans la chaleur et la poussière, pour se présenter à Pau dix minutes avant les autres ! En cours de route, il s'est de plus attribué cinq minutes de bonification dans les cols.

Une fin de Tour à suspense

Au matin de l'étape contre la montre Vannes-Saint-Brieuc, la France est persuadée que René Vietto va enfin gagner « son » Tour de France. Mais le Roi René est inquiet. A juste titre. La victoire sera pour le Belge Impanis, devant Robic et Ronconi, Brambilla recevant le maillot jaune, avec une avance de deux minutes et demie sur Robic, suivi de Fachleitner. René Vietto, déçu, pleure son rêve envolé et parle de se retirer. « Tout Paris t'attend ! Tu es le héros national, lui dit Georges Briquet. Un champion comme toi n'a pas le droit d'abandonner. » Le Cannois le fusille du regard : « Qui a parlé d'abandon ? Un Vietto n'abandonne pas ! Il se retire. » Vietto repartira. Et ce sera cette ultime étape Caen-Paris qui restera dans les mémoires. Dans la côte de Bon-Secours, à la sortie de Rouen, Robic attaque avec une

1er JEAN ROBIC
2e ÉDOUARD FACHLEITNER
3e PIERRE BRAMBILLA

Meilleur grimpeur :
PIERRE BRAMBILLA

énergie féroce, Fachleitner réplique, suivi de Brambilla à quelques longueurs. « Fach » poursuit son effort. Il est neutralisé par Robic, alors que Brambilla retombe dans le peloton où nul, sauf Tacca, ne consentira à l'aider : les « transalpins » ne souhaitent pas sa victoire ! Fachleitner, attendu par Lucien Teisseire, démarre à plusieurs reprises, mais Robic répond aussitôt. Les deux hommes accentuent leur avance sur les autres prétendants à la victoire finale et ils prendront les deux premières places du classement général. Ainsi Robic gagnait-il le Tour sans jamais avoir porté le maillot jaune !

✦ Ci-dessus : Apo Lazaridès, Pierre Brambilla, Jean Robic, trois hommes en vue de ce Tour de la reprise.

✦ 1948 ✦

Bartali dix ans après

Vainqueur en 1938, Gino Bartali revient dix ans après. Il est âgé de 34 ans, son front s'est dégarni, des sillons creusent son visage de centurion, mais son « coup de patte » reste étonnamment vif.
Très résistant, toujours redoutable dans les cols, rapide aux arrivées, il va dominer de très haut ce Tour de France marqué par les intempéries : sept victoires d'étapes et près d'une demi-heure d'avance sur le second au Parc des Princes !
Si Robic se distingue en montagne, seul Louis Bobet, longtemps maillot jaune, tiendra tête au Transalpin qui s'impose sans coup férir dans les Alpes, là où il avait décidé de refaire son retard. Il s'envole dans l'Izoard, sous la pluie glaciale : neuf minutes d'avance à Briançon. Il récidive le lendemain dans l'étape sibérienne de la Chartreuse où la neige succède à la pluie, et encore le surlendemain à Lausanne. Le Bordelais Guy Lapébie, frère de Roger, vainqueur en 1937, crée la surprise en terminant à la troisième place devant Bobet, héros malheureux de ce Tour.

Louison Bobet, un Grand

Ancien champion de France amateur (1946), Louis Bobet avait laissé une impression favorable l'année précédente avant qu'il ne quittât la course sur une chute. Porteur du maillot jaune au pied des Pyrénées, il défend sa position avec panache, alors que la critique annonçait son échec. Souffrant de furoncles, il défaille à l'arrivée à San Remo où l'on envisage son abandon. Pénicilline en quantité.

Mais, sous une apparence délicate, Louison cache des trésors d'énergie. Le lendemain, il prend le départ et passe à l'offensive – en compagnie d'Apo Lazaridès – dans les cols de Castillon et de Turini pour gagner sur la Croisette. Durant cette étape, Apo ne lui a pas ménagé son aide, une aide que Bobet ne reçoit pas de tous ses équipiers. Et le public, déçu par Robic, las d'espérer une hypothétique résurrection de Vietto, s'est pris d'admiration pour ce jeune lutteur ambitieux qui révèle soudain une face cachée de sa personnalité. Il résiste de son mieux dans les Alpes, mais le vieux Gino est décidément trop fort, il lui faut s'incliner. Le Tour est perdu pour Louison, mais celui-ci s'annonce comme un futur Grand. ✦

✦ Ci-contre : Bobet vainqueur à Biarritz.

1er GINO BARTALI
2e ALBÉRIC SCHOTTE
3e GUY LABÉPIE

Classement par points :
GINO BARTALI
Meilleur grimpeur :
GINO BARTALI

✦ 1949 ✦

Fausto Coppi, le campionissimo

La rivalité entre les deux champions italiens Coppi et Bartali se déplace en terre française. Il n'a certes pas été facile de les amener à composition pour qu'ils s'alignent ensemble au départ, mais ils sont là. Durant la cinquième étape, Coppi et le Français Jacques Marinelli, maillot jaune modèle réduit, dit « la Perruche », s'accrochent et tombent. Coppi attend longtemps un vélo. « Pas la peine de vous presser, Alfredo, j'abandonne... N'insistez pas, c'est fini, je rentre. » « Nous en reparlerons ce soir », lui répond Binda, le directeur sportif italien qui parvient à le remettre en selle. Mais la belle mécanique est déréglée.

Entouré de ses équipiers, il rallie Saint-Malo avec dix-neuf minutes de retard et se retrouve à trente-sept minutes de Marinelli au classement général. Il se reprend néanmoins et, trois jours plus tard, gagne contre la montre. Robic l'emporte à Luchon mais les deux Italiens avaient donné le ton.

A l'approche des Alpes, il est évident que l'affaire va se régler entre ces deux derniers. Dans l'Izoard, ils déclenchent les grandes manœuvres et font le vide. Sous la pluie, Coppi accomplit l'essentiel du labeur, imposant un rythme soutenu. Il ne force pas outre mesure sur la fin et laisse Gino gagner pour son anniversaire – 35 ans – et revêtir le maillot jaune. Le lendemain, les deux champions renouvellent l'opération. Ils lâchent leurs adversaires dans le Petit Saint-Bernard et entrent ensemble en terre italienne, mais Bartali crève dans la descente sur Aoste et Binda donne le feu vert : « Tu peux partir ! »

Alors le campionissimo s'en va pour revêtir un maillot jaune qu'il ne quittera plus. Il augmentera son avance dans l'étape contre la montre et réussit ainsi le premier doublé Tour d'Italie-Tour de France. ✦

✦ Ci-contre : Le tour d'honneur de Coppi au Parc des Princes.
Ci-dessous : Fausto l'incomparable.

1er FAUSTO COPPI
2e GINO BARTALI
3e JACQUES MARINELLI

Classement par points :
STAN OCKERS
Meilleur grimpeur :
FAUSTO COPPI

1950

Kubler par abandon

Le Tour part sans Coppi qui s'est fracturé le fémur au Giro. Au terme de la troisième étape, Bernard Gauthier, attaquant résolu, s'empare du maillot jaune. Dans le contre la montre, le Suisse Kubler démontre ses qualités de rouleur mais, au pied des Pyrénées, Bernard Gauthier est toujours en jaune. Et ce sera l'étape Pau-Saint-Gaudens. Au col d'Aspin Robic et Bartali s'accrochent. Chute sans gravité. Or, quelques excités s'en prennent au Toscan. Il gagne cependant au sprint et Fiorenzo Magni, leader de la seconde équipe italienne, celle des « cadetti », prend la tête du classement général. Pourtant il ne revêtira pas le maillot jaune, car Bartali décide de quitter la course.

Tous les Italiens font leurs valises. Le maillot échoit à Kubler qui refusera de le porter dans un premier temps. Canicule entre Perpignan et Nîmes. Kubler et Ockers attaquent, Geminiani et Bobet perdent dix minutes. Zaaf, qui s'est effondré au pied d'un arbre, tente de repartir... en sens inverse. C'en est fini pour le pittoresque Nord-Africain. Le lendemain, baignade pour tout le monde à Sainte-Maxime – il faisait si chaud et la mer était là, tentante. Les Français prennent leur revanche dans les Alpes : « Gem » triomphe à Gap et Bobet à Briançon. Le lendemain, entre Briançon et Saint-Étienne, Louison joue son va-tout. Longtemps distancé, Kubler revient à force de hargne, pleurant, rugissant, traînant dans son sillage un groupe de coureurs narquois, dont Geminiani. Au col de la République, Bobet fut rejoint puis dépassé. « Si tu étais resté tranquille, tu serais encore second », lui fit remarquer « Ferdi ». « La seconde place ne m'intéresse pas. C'était la victoire ou rien. » Le Suisse confortera son maillot le lendemain contre la montre, tandis que Bobet paiera ses efforts.

✦ Ci-dessus : Gino Bartali avant son abandon.
Ci-contre : Ferdi Kubler à l'énergie.

1er FERDI KUBLER
2e STAN OCKERS
3e LOUIS BOBET

Meilleur grimpeur :
LOUIS BOBET

Les Italiens quittent le Tour

Dans la montée d'Aspin un incident regrettable se produit : le public surexcité occupe la chaussée et provoque la chute de Robic et Bartali. Celui-ci reçoit des insultes et quelques bourrades. Il triomphe cependant, tandis que Magni prend le maillot jaune. Mais Bartali, sous le coup de la colère, prend la décision d'abandonner : « Nous avons été victimes d'une véritable agression. En conséquence, nous ne repartirons pas demain ! » déclare-t-il aux journalistes. Gino restant inflexible, Alfredo Binda fut conduit à décréter le retrait de tous les Italiens, y compris les « cadetti », Fiorenzo Magni, la mort dans l'âme, devant ainsi renoncer à porter son maillot jaune qu'il était apte à défendre victorieusement jusqu'à Paris. ✦

✦ 1951 ✦

Hugo Koblet... et les autres

L'exploit de Brive-Agen résume parfaitement ce Tour : un homme, le Suisse Hugo Koblet, qui attaque loin du but et un peloton qui ne lui reprend pas un pouce de terrain. L'Helvète savait que Bobet n'était pas au mieux. Quant aux Italiens, ils roulaient « en dedans » : Coppi venait de perdre son frère Serse au Tour du Piémont, il était désemparé. Dès la première étape (le Tour part de Metz) le bel Hugo se livre à une démonstration de force et de non-conformisme, roulant seul devant le peloton stupéfait durant une quarantaine de kilomètres.

« De la folie ! » On entendra souvent cette réflexion à propos des exploits très originaux du Suisse. Mais ce qu'il fait dans l'étape Brive-Agen dépasse l'imaginable.

Il attaque trente kilomètres après le départ, se porte plusieurs minutes devant la meute, maintient la cadence et résiste au peloton lancé à ses trousses. Dans la seconde partie de son raid solitaire – 135 kilomètres – il tient en échec le peloton regroupé où les Coppi, Bartali, Bobet, Geminiani, Ockers, Brankart, Robic se relaient d'arrache-pied. Il progresse sans à-coups, sans jamais donner l'impression de puiser dans son énergie. A l'arrivée, « le pédaleur de charme » compte deux minutes et demie d'avance. Quand il descend de machine, le cheveu rebelle et l'œil calamiteux, Raphaël Geminiani s'écrie : « C'est pas possible, un coureur pareil ! S'il existait deux Koblet, je changerais de métier. » Pour sa part, le Néerlandais Wim Van Est explique : « Sur la fin, les Italiens se relayaient comme des fous. Nous avons roulé au maximum, mais il nous prenait toujours du terrain. » Lui se contente de dire : « Jusqu'à mi-course, j'ai pédalé très en dessous de mon meilleur régime. Sur la fin seulement j'ai mis les gaz. »

Après avoir enlevé brillamment la première étape contre la montre, Koblet couronne son Tour d'une nouvelle et très significative victoire dans le second effort « en solitaire » : il rejoint Bartali et laisse Raphaël Geminiani à douze minutes. A mentionner encore : la chute de Van Est dans un ravin pyrénéen alors qu'il est maillot jaune et l'effondrement de Coppi entre Carcassonne et Montpellier. ✦

✦ Même dans l'effort Koblet conserve cette élégance qui lui a valu le surnom de « pédaleur de charme ».

1er HUGO KOBLET
2e RAPHAËL GEMINIANI
3e LUCIEN LAZARIDÈS

Meilleur grimpeur :
RAPHAËL GEMINIANI

✦ 1952 ✦

Coppi ou la solitude des aigles

Ni Bobet, ni Koblet, ni Kubler ne sont là mais Coppi a préparé méticuleusement son affaire. Au bout de quelques jours, l'Azuréen Nello Lauredi porte le maillot jaune et les espoirs français, mais Robic n'apprécie pas que les « tricolores » s'épuisent à défendre ce « paletot ». Magni s'en empare ; puis, Carrea, équipier modèle de Coppi, lui succède, s'excusant de son audace ! Le lendemain, à l'Alpe-d'Huez, le campionissimo assène sur la course un coup de massue mortel. Robic joue crânement sa chance, mais Coppi remet vite les choses en place. Il se dégage au prix d'un seul démarrage et s'approche du sommet dans un style parfaitement homogène, tout en conservant des réserves. Il revêt le maillot jaune.

Le lendemain, sur les pentes de la Croix de Fer, Lauredi, Geminiani, Dotto, Lucien Lazaridès attaquent à tour de rôle. Au Télégraphe, longue accélération de « Gem » qui réduit le peloton à une quinzaine d'unités. Au Galibier, à une dizaine de kilomètres du sommet, Fausto juge qu'il est temps d'intervenir et s'en va seul. Il escalade ensuite le col de Montgenèvre dans le mouvement, puis celui de Sestrières, encouragé par ses compatriotes en extase, insensible à la pluie et au vent des sommets. Il franchira la ligne avec sept minutes d'avance sur Ruiz et dix sur Bartali.

La supériorité du campionissimo était écrasante. Au vrai, seul Robic ne se joint pas au concert de louanges et clame son amertume. Il a crevé dans la descente du Galibier. Cinq fois il a dû s'arrêter pour regonfler. Et Marcel Bidot, son directeur sportif, ne put le dépanner : il suivait Lauredi, une panne d'essence le retardant plus encore. Le Breton s'était battu comme un lion, mais sans résultat, victime du sort. La veille on avait assisté à un spectacle unique et émouvant : Coppi ayant crevé, Bartali s'arrêta et lui passa sa roue.

Dans ce Tour de la démesure, restait à franchir les Pyrénées et le Puy de Dôme. Geminiani et Coppi gagnent dans les Pyrénées, et le Puy de Dôme voit un nouvel exploit du maillot jaune. Le commentaire de Geminiani : « Fausto nous dominait tous et il tenait à gagner encore au Puy de Dôme, question de prestige. Or, je voulais moi aussi gagner. Dans la rampe j'ai foncé. C'est alors que j'ai vu passer un bolide ou plutôt une sorte de martien monté sur un vélo ! C'était Fausto qui avait lâché Robic, Ockers et revenait sur Nolten. Ce jour-là j'ai vu un coureur phénoménal… » ✦

✦ Ci-contre : Fausto Coppi à l'assaut des cimes.
Ci-dessous : Fausto Coppi au Tourmalet.

1er FAUSTO COPPI
2e STAN OCKERS
3e BERNARDO RUIZ

Meilleur grimpeur :
FAUSTO COPPI

TOUR DE FRANCE 53
OFFICIEL 3

✦ 1953 ✦

Louison Bobet, enfin...

Après avoir longtemps hésité à prendre le départ, Louis Bobet va inscrire son nom au palmarès, enfin. Durant les premiers jours le climat est empoisonné dans l'équipe de France, Lauredi, Dotto, Teisseire, Rolland et Geminiani affichant chacun des ambitions personnelles. Pour sa part, l'Alsacien Hassenforder devient, jour après jour, une vedette internationale. Ses prouesses sur la route et ses pitreries à l'arrivée ravissaient le public. Enfin, Robic, vainqueur à Luchon, revêt pour la première fois le maillot jaune en course. Hugo Koblet, jusque-là impressionnant de facilité, semble attendre son heure. Il attaque dans le col de Soulor, s'envole puis soudain perd son coup de pédale. Il peine, rate un virage et c'est la chute : trois côtes fracturées. « Koblet était parti comme une fusée. A cette allure il ne pouvait aller loin. Ce garçon est suicidaire », dira Bartali.

Les Bretons se sont passé le maillot jaune : Robic, Mahé, Malléjac. Avant le départ d'Albi pour Béziers, Geminiani décrète : « Aujourd'hui, tout le monde à l'abordage ! On va tout faire sauter à la dynamite. » Ce sera une longue chevauchée, sans répit. A l'arrivée Lauredi l'emporte devant le « Grand Fusil », mais Bobet est furieux pour ce que ses équipiers ne l'aient pas laissé l'emporter. L'affaire s'arrangera.

Ce maillot que porte encore Malléjac, Louison va le conquérir dans l'étape Gap-Briançon. Il sort du peloton au col de Vars, rejoint son coéquipier Adolphe Deledda, parti en éclaireur. Celui-ci ouvre la route à son leader, donnant le meilleur de soi-même : « Vas-y à fond ! Encore un relais, Adolphe, un seul ! Vide-toi et rentre comme tu pourras. » Et Deledda jette ses dernières forces puis s'écarte, sa tâche accomplie. Alors, Bobet s'envola pour Briançon, haut lieu du Tour. Il estimait qu'une victoire dans le Tour devait s'accompagner d'un exploit accompli dans le secteur de Vars et d'Izoard, sous le ciel des derniers aigles royaux, là où le champion bien né peut exprimer sa supériorité sans aucune entrave.

Acquise avec panache, cette victoire projeta Louison au firmament. Il lui avait fallu six ans pour franchir la marche suprême et le public lui savait gré de ce qu'il s'était toujours battu avec générosité.

✦ Ci-contre : Bobet dans l'Izoard pour le sacre des Grands.

1er LOUIS BOBET
2e JEAN MALLÉJAC
3e GIANCARLO ASTRUA

Classement par points :
FRITZ SCHAER
Meilleur grimpeur :
JÉSUS LORONO

Orage chez les « tricolores »

Altercation sur la piste en terre de Béziers où Louison Bobet apostrophe Lauredi et Geminiani :

– Bien joué, les gars ! C'est du beau travail !

– Comment ? s'exclame « Gem ». On s'est crevé toute la journée, nous prenons les trois premières places et « Tête de Cuir » est lavé ! Qu'est-ce que tu veux de mieux !

– Tu te fous de moi ! Et la bonification ?

– Mais il fallait le dire, pépère ! Je serais descendu de vélo pour te céder la place ! Excuse-moi, mon petit vieux, mais puisque tu tenais tant à cette victoire, eh bien, il fallait entrer le premier sur la piste...

Bobet convoitait en effet la minute de bonification et avait demandé à Nello Lauredi de lui emmener le sprint. Ce qui fut fait, mais Louison ne put remonter ses coéquipiers. Une fausse manœuvre qui tourna au règlement de comptes. La soirée fut quelque peu tumultueuse, mais le lendemain au petit déjeuner, à la table commune, l'union se fit autour de Bobet. Deux heures plus tard l'équipe de France, qui avait retrouvé son âme, contrôlait la course. ✦

HOTEL
RESTAURANT
SOUVENIRS DU COL
HUILE
ESSENCE

1954

Bobet puissance 10

Dans la plénitude de ses moyens, Louison Bobet domine de mieux en mieux son sujet. Sa maîtrise est devenue impressionnante et son équipe baigne dans l'huile, l'arrivée d'André Darrigade et Jean Forestier ayant eu des effets bénéfiques. Au pied des Pyrénées, six coureurs se tiennent en une minute : le Hollandais Wagtmans, suivi de Bobet, Koblet, Schaer, De Bruyne et Kubler – si les Suisses sont tous là, les Italiens, en revanche, sont absents à la suite d'un différend concernant l'intrusion des marques extra-sportives dans le cyclisme italien. Le Lorrain Gilbert Bauvin l'emporte à Bayonne et il récidive à Luchon, au terme d'une étape particulièrement pénible. Il revêt le maillot jaune. Seul Louison Bobet est parvenu à limiter les dégâts, Wagtmans et Kubler ayant lâché un quart d'heure. Souffrant des séquelles d'une chute dans l'étape de Bayonne, Koblet tombe à nouveau deux fois. Il quittera le Tour à Toulouse. Coureur robuste, très volontaire et toujours dangereux dans la montagne, Bauvin est placé sous la haute surveillance de l'équipe de France. Et quand il crève, sur la route accidentée de Millau, c'est l'hallali ! Kubler l'emporte dans cette ville, prenant ainsi une option sur le maillot vert du classement par points, Bobet récupérant le maillot jaune.

La fin de course fut une simple formalité pour Bobet. Nouvelle et impressionnante démonstration de force dans l'Izoard, où il relègue Kubler à douze minutes, et contre la montre entre Épinal et Nancy où il fait encore étalage de toute sa classe. Il gagnera à Paris, avec plus d'un quart d'heure d'avance sur Kubler.

L'Espagnol Bahamontès, meilleur grimpeur du Tour, avait fait la conquête du public par ses fulgurantes ascensions mais aussi par son pittoresque. Il marquait des points au sommet des cols puis faisait roue libre, ayant peur dans les descentes. On le vit également sauter de vélo en voltige, s'emparer d'une glace auprès d'un marchand ambulant et la déguster tranquillement, accroupi dans un fossé, en attendant ses poursuivants… ✦

✦ Ci-contre : Tourmalet, Izoard, Alpe-d'Huez, les grands sommets attirent toujours les foules. Ci-dessous : Louison Bobet en jaune.

1er LOUIS BOBET
2e FERDI KUBLER
3e FRITZ SCHAER

Classement par points :
FERDI KUBLER
Meilleur grimpeur :
FEDERICO BAHAMONTÈS

BOBET
1

1955
Bobet dans la douleur

Troisième victoire consécutive pour Bobet, mais non la plus facile. Car, Louison et l'équipe de France durent supporter tout le poids de la course. Harcelés, les Français ne faisaient pas dans la dentelle ! D'où cette réaction de Geminiani, à bout de nerfs, face aux Néerlandais qui tentaient de s'opposer par tous les moyens à la poursuite des tricolores derrière Wagtmans échappé : « Si vous continuez à faire les marioles, je vais vous foutre mon gonfleur sur le cigare, et vous ne serez pas près de revoir votre Juliana ! » Le « roi » des Alpes sera Charly Gaul, adepte du petit braquet. « L'Ange de la montagne » s'envole et Louison se retrouve... à quatorze minutes ! « Ce Gaul, moi je vais lui faire sa fête ! clame Geminiani. Et pas plus tard que demain ! »

Étape d'anthologie. L'Auvergnat est distancé dans Vars alors que Gaul présente son festival à l'avant. Le temps est épouvantable : pluie glaciale, rafales de vent. La route, étroite et sinueuse, est glissante. Tout le monde tombe, sauf « Gem ». Il fonce dans un état second, prend tous les risques. Il rejoint Bobet et Rolland. « Votre Charly, où il est ? demande-t-il à Marcel Bidot. – Seul devant... Avec Bauvin et Walkowiak. » L'Auvergnat s'en va immédiatement pour rejoindre les fugitifs, les lâche dans le col d'Èze et gagne à Monaco avec deux minutes d'avance !

Dans ce contexte épique, Antonin Rolland porte le maillot jaune depuis Briançon. Excellent grimpeur, très bon rouleur, il compte dix minutes d'avance sur Bobet, dès lors contraint d'attendre la défaillance de son coéquipier. Archi dominé par Gaul dans le Galibier, Bobet prend sa revanche dans le Ventoux. A l'approche du « Géant de Provence » Kubler attaque, suivi de Geminiani. « Attention, Ferdi, le Ventoux, c'est pas un col comme les autres ! – Ferdi non plus n'est pas un coureur comme les autres », répond le Zurichois qui ne doute de rien. Il accélère encore... avant de craquer net un peu plus haut. Il ralliera cependant Avignon où il abandonnera : « Le Tour est fini pour moi. Il est trop vieux, Ferdi... Il a mal... Ferdi s'est tué dans le Ventoux ! »

Plus prudent, Bobet s'est engagé dans la longue rampe à une allure modérée. Il accélère ensuite pour se présenter au sommet en première position, et continue jusqu'à Avignon où il remporte une victoire à panache.

L'escalade du Ventoux avait provoqué des défaillances spectaculaires et des effondrements dramatiques. Jean Malléjac s'était écroulé à une dizaine de kilomètres du sommet. Inconscient, le visage d'une pâleur cadavérique, une sueur glaciale coulait sur son front. Il fallut lui desserrer les mâchoires pour le faire boire et ce n'est qu'après avoir reçu une piqûre de solucamphre et respiré un ballon d'oxygène qu'il sortit de son évanouissement. On dut le transporter dans une clinique et l'on parla de produit dopant. Restaient alors pour la victoire Antonin Rolland, toujours en jaune, Louison Bobet, le Wallon Jean Brankart et Charly Gaul. Dans les cols pyrénéens, Rolland, usé jusqu'à la corde, s'effondra et céda son maillot à Louison, fatigué et souffrant d'une induration. Il dut en appeler à toute son énergie dans l'ultime épreuve contre la montre, gagnée par Brankart, un champion de qualité, mais pas suffisamment audacieux. Le Parc était en vue, au grand soulagement du champion français. ✦

✦ Ci-contre : Champion du monde et vainqueur du Tour, Louis Bobet.
Ci-dessous : Antonin Rolland, un Tricolore de valeur.
Page suivante : Charly Gaul, Miguel Poblet et Louison Bobet concentrés durant l'escalade d'un col.
En bas à gauche : Le tour d'honneur de Bobet au Parc.

1er LOUIS BOBET
2e JEAN BRANKART
3e CHARLY GAUL

Classement par points :
STAN OCKERS
Meilleur grimpeur :
CHARLY GAUL

1955

L'exploit vu par Antoine Blondin

Après le triomphe de Louison Bobet en Avignon, Antoine Blondin écrivait dans *L'Équipe* : « … Un homme s'avance le long du Rhône, au pied des remparts d'Avignon. Son torse est ceint des couleurs de l'arc-en-ciel. Deux centaures, bardés de cuir et d'acier, aux arrière-trains en forme de motocyclette, lui ouvrent un chemin à travers les foules massées à sa rencontre. Derrière lui, un homme se tient debout dans une voiture rouge et lui fait une escorte attentive et tutélaire. Ensuite c'est le vide palpitant d'impatience, la marge de respect où la meute, lancée à la poursuite de cette proie privilégiée, qui est en même temps pour elle un modèle et un maître, ne peut parvenir à le rejoindre. Placé sur la sellette, réduit à la condition de cible dans la solitude exposée à quoi l'oblige son talent, Louison Bobet, cet après-midi là, est exact au rendez-vous qu'il avait assigné à la victoire et des milliers de voix clament qu'il faut lui remettre les clefs de la cité. » ✦

29

✦ 1956 ✦

Walkowiak ou la révolte du régional

Les organisateurs ont cherché à atténuer les difficultés naturelles : moins de grands cols dans le cours d'une même étape ; arrivées reportées loin des sommets. Le Tour pourra se gagner partout, le verdict des Alpes et des Pyrénées ne sera plus forcément sans appel. De plus, certains « gros calibres » n'étant plus là pour cause de vieillissement (Bartali, Coppi, Kubler) ou d'un mauvais état de santé (Koblet, Bobet) on s'attend à une course moins contrôlée, plus vivace, voire décousue. De fait, les échappées se multiplient et c'est la valse des « maillots jaunes » : Darrigade, De Smet, Walkowiak, Adriaenssens. Tension chez les « tricolores » entre Bauvin, promu chef de file en l'absence de Bobet, et Darrigade, ce dernier persuadé de ses chances.

Une crevaison du Dacquois, rejeté à l'arrière, inspire à celui-ci des paroles incendiaires en même temps qu'une réaction brutale envers Marcel Bidot, directeur technique. Les deux « tricolores » seront mis d'accord par Roger Walkowiak dans les Alpes. Celui-ci enraye une offensive de Gaul sur les pentes de la Croix de Fer et il reprend le maillot jaune à Grenoble. Athlète de qualité – son style rappelle celui de Louison Bobet – Walkowiak, un Montluçonnais, passe sans problème le cap de l'ultime course contre la montre et triomphe à Paris devant Gilbert Bauvin, repoussé à 1'2". Le Bourbonnais n'avait certes gagné aucune étape, mais il s'était montré parfaitement régulier et il avait fait beaucoup mieux que se défendre. Son directeur technique, Sauveur Ducazeaux, avait très vite compris que ce garçon timide pouvait fournir le vainqueur à condition qu'il fût placé dans un climat favorable. « Je crois que Roger a une belle chance de gagner le Tour, disait-il aux intimes, mais il ne faut pas le lui dire car il s'affolerait. Il faut lui faire comprendre qu'il est le plus fort. Quand il aura pris conscience de ses possibilités, l'essentiel sera fait. »

L'Alsacien Roger Hassenforder avait en 1953 porté le maillot jaune pendant trois étapes avant de s'effondrer. Battant exceptionnel, capable des exploits les plus étonnants comme de brutales défaillances, fantaisiste de première, il triomphe cette année à Caen, Bordeaux et Montpellier avant de terminer seul à Montluçon avec sept minutes et demie d'avance sur le peloton après une longue échappée. « Cette étape, che foulais la cagner parce que temain au Parc ce sera tur », dira l'Alsacien à sa descente de bicyclette. ✦

✦ Ci-contre : Un vainqueur surprise non dénué de qualités.

1er ROGER WALKOWIAK
2e GILBERT BAUVIN
3e JEAN ADRIAENSSENS

Classement par points :
STAN OCKERS
Meilleur grimpeur :
CHARLY GAUL

✦ 1957 ✦

Anquetil frappe très fort

Le tandem Bobet-Geminiani absent, l'équipe de France aligne au départ Anquetil, Darrigade, Privat, Bauvin, Walkowiak, Stablinski, Mahé, Bouvet, Bergaud, Forestier… Le futur vainqueur participait au Tour pour la première fois, mais il bénéficiait d'un préjugé favorable. Au troisième jour, le Tour arrivait chez lui à Rouen. Il s'échappa en compagnie de onze coureurs et les battit au sprint. Le peloton terminait à sept minutes. La chaleur était torride et Charly Gaul, peu à l'aise sous le soleil, s'était déjà effondré. En revanche, les « tricolores » tenaient le choc, montant chaque matin à l'assaut, contrôlant la course, imposant leur férule. La cinquième étape, de Roubaix à Charleroi, les vit réussir une opération de grande envergure. Une attaque de Bauvin et Anquetil à la frontière allait donner aux troupes de Bidot une suprématie absolue : le premier gagnait l'étape, le second endossait le maillot jaune. Par la suite, Darrigade et Privat revêtirent la tunique d'or, avant que Anquetil ne se l'attribuât définitivement à Briançon.

Le Normand avait forgé sa victoire sur la route de Charleroi et sur celle de Thonon-les-Bains. Au bord du Léman, il régla une échappée, qui s'était portée dix minutes devant le peloton, dix minutes qui pesèrent lourd dans la balance. Une semaine plus tard, il enleva la course contre la montre à Libourne et conforta son avance. Le coup de force de Thonon avait complété l'affirmation de Charleroi et la démonstration dans le vignoble bordelais fit le reste. Le jeune champion normand eut à franchir un seul cap difficile dans les Pyrénées, où il frisa la catastrophe sur les pentes de l'Aubisque, mais il parvint à redresser la situation.

Avec cette victoire de Jacques Anquetil, une page importante venait de tourner dans l'histoire du Tour et de l'équipe de France. La belle époque de Bobet et Geminiani prenait fin, le tandem Anquetil-Darrigade assurait la relève. Les « tricolores » avaient gagné douze étapes, ils remportaient le challenge par équipes et Jean Forestier le classement par points. Quant à Roger Walkowiak, de qui l'on espérait une confirmation, il n'avait pas été servi par le sort : victime d'une chute en pleine bagarre sur la route de Charleroi, il s'était trouvé sans vélo durant un long moment, perdant un temps précieux. Dès lors il se contenta de servir loyalement Anquetil. ✦

✦ Ci-contre : Jacques Anquetil s'impose pour son premier Tour de France. Naissance d'une ère nouvelle.
Ci-dessous : Anquetil avec son directeur sportif Marcel Bidot.

1er JACQUES ANQUETIL
2e MARCEL JANSSENS
3e ADOLF CHRISTIAN

Classement par points :
JEAN FORESTIER
Meilleur grimpeur :
GASTONE NENCINI

1958

Charly Gaul, l'Ange de la montagne

La victoire de Charly Gaul, ce fut le triomphe du grimpeur. Auparavant, aucun spécialiste de la montagne n'avait jamais réussi à inscrire son nom au palmarès. Assez moyen dans les Pyrénées mais ayant créé une surprise en battant Anquetil dans la première étape contre la montre (Châteaulin), Charly Gaul domine à nouveau au mont Ventoux. L'Espagnol Bahamontès, lui, s'illustre sur les pentes de Vars et d'Izoard ; mais alors qu'on le donne définitivement battu avec ses vingt minutes de retard, Gaul attaque et s'en va dans l'étape de la Chartreuse, où il sème Geminiani, porteur du maillot jaune. Sous la pluie battante, dans le col de Porte, Anquetil s'effondre. Bobet le rejoint : « Je t'attends, Jacques ? – Non, Louis, c'est pas la peine. »

✦ Ci-contre : Charly Gaul, impérial, ici en compagnie d'Anquetil.
Ci-dessous : Charly Gaul et Raphaël Geminiani au coude à coude.

1er CHARLY GAUL
2e VITO FAVERO
3e RAPHAËL GEMINIANI

Classement par points :
JEAN GRACZYCK
Meilleur grimpeur :
FEDERICO BAHAMONTÈS

Le vainqueur du dernier Tour abandonnera le lendemain, atteint d'une broncho-pneumonie. Pour sa part, Charly Gaul, dit « l'Ange de la montagne », enroule son petit développement à une vitesse stupéfiante. Très à l'aise dans la tourmente, il va combler la presque totalité de son retard et se retrouve à moins d'une minute de Favero, le nouveau leader !

Deux jours plus tard, dans l'épreuve contre la montre, à Besançon, il couronne son œuvre, pour triompher à Paris avec 3'41" d'avance sur Favero, Geminiani prenant la troisième place.

La montagne avait tranché, une nouvelle fois, et un pur grimpeur – l'un des trois ou quatre meilleurs de tous les temps – venait de se hisser à l'échelon suprême. ✦

✦ 1958 ✦

Geminiani pleure son maillot

Écarté de l'équipe de France pour pléthore de leaders, le grand Raphaël et son équipe du Centre-Midi harcèlent les « tricolores » d'entrée de jeu. Entre Caen et Saint-Brieuc, il lance une attaque dévastatrice, laquelle se solde par une perte de dix minutes pour Gaul, Bobet et Anquetil, ces deux derniers en condition moyenne. A Pau, « Gem » s'empare du maillot jaune mais le perd dès le lendemain, au terme d'un raid solitaire de Bahamontès. Le Clermontois récupère la tunique à Gap. Dans la Chartreuse, il est distancé lui aussi par Gaul impérial. Son retard dépasse douze minutes à l'arrivée où il fond en larmes, épuisé : « Tous des Judas ! » Il englobe dans son jugement tous ceux qui lui ont tiré la bourre, ceux de qui il attendait un geste. Et la France consternée vient d'apprendre que son « Grand Fusil », coureur généreux s'il en fut, ne gagnerait jamais le Tour. ✦

✦ Soutenu par Adolphe Deledda, son directeur sportif, Raphaël Geminiani pleure son maillot perdu.

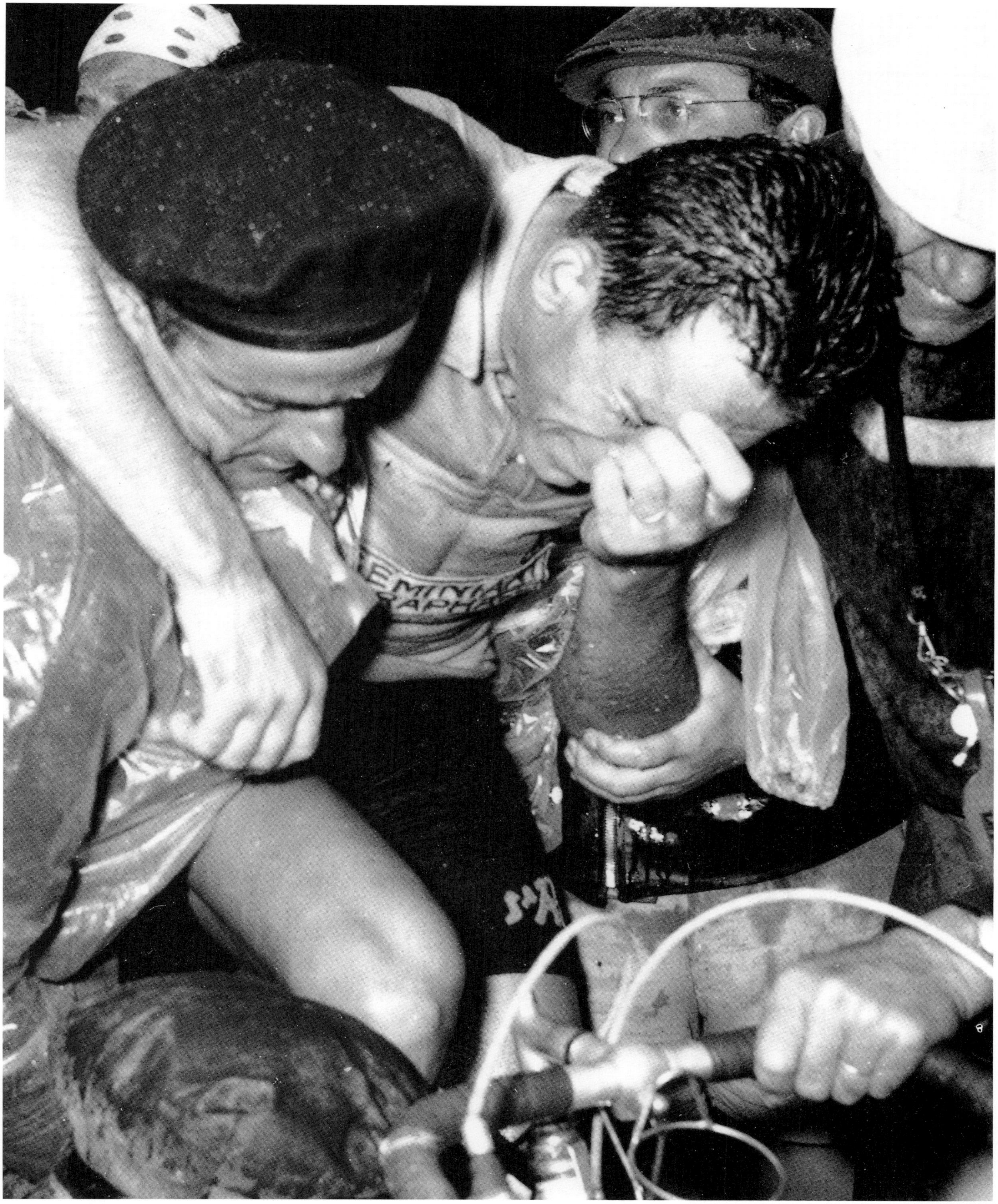

✦ 1959 ✦

Bahamontès dans la zizanie

Si Marcel Bidot aligne finalement son carré d'as, soit Anquetil, Bobet, Geminiani et Rivière, l'entente ne règne pas pour autant dans l'équipe de France. Darrigade le premier jour, Cazala et Graczyck gagnent leur étape, mais les leaders désignés se mesurent toujours du regard. Rivière l'emporte contre la montre, Anquetil est rejeté à une minute. Soleil de plomb dans Albi-Aurillac. Baldini attaque, accompagné d'Anquetil, Anglade, Bahamontès. Surpris, Gaul tente de réagir mais, mal à l'aise dans la chaleur, il craque. Anglade enlève l'étape et passe second au classement général. Quant à Gaul et Bobet, ils terminent à vingt minutes, très éprouvés l'un et l'autre. Si Anquetil est ravi d'avoir devancé Rivière, tous deux craignent qu'Henri Anglade ne gagne le Tour. Entre Saint-Étienne et Grenoble, Gaul démarre, suivi de Bahamontès, l'« Aigle de Tolède », déjà vainqueur au Puy de Dôme. Les deux super-grimpeurs terminent ensemble et l'Espagnol revêt le maillot jaune. Les « tricolores » ne s'étaient guère opposés à l'échappée. Pour eux, mieux valait la victoire finale d'un Espagnol que celle d'un régional.

Tandis que Bobet abandonne au sommet de l'Iseran, la course prend à l'avant une bien curieuse tournure. Piètre descendeur, le maillot jaune est lâché dans la descente sur Val-d'Isère par ses principaux rivaux, dont Anquetil et Rivière. Il accuse bientôt cinq minutes de retard. Or les deux Français restent sur la réserve. Et l'Espagnol rejoint la troupe ! Trois jours plus tard, Rivière bat à nouveau Anquetil contre la montre, mais celui-ci parvient à ses fins et le précédera néanmoins de douze secondes à Paris. Au Parc des Princes, les deux Français, troisième et quatrième, feront leur tour d'honneur sous les sifflets. Une véritable bronca ! Le Tolédan Martin Federico Bahamontès apportait à l'Espagne sa première victoire dans la Grande Boucle.

Cet escaladeur de premier ordre accompagnait ses coups de pédale d'un mouvement pendulaire des épaules et tournait la tête tous les cinquante mètres pour juger des dégâts. Ses accélérations étaient assassines mais il ne tenait pas toujours la distance. Dans la conversation il parlait de lui à la troisième personne : « Moi il marchait fort aujourd'hui… Moi il n'a pas pu s'échapper. Moi il dit que Lorono est muerta. » Car, Lorono fut son ennemi intime. Maintes fois les Espagnols avaient tenté de les réunir sous le maillot national, invoquant Dieu et ses saints, la fière Espagne ou la raison d'État. En vain : « Federico, il ne voulait pas ! » ✦

✦ Ci-contre : Si « Moi il marchait fort », Bahamontès n'en fut pas moins favorisé par les rivalités entre Français. Ci-dessous : Bahamontès et Gaul, les grimpeurs.

1er FEDERICO BAHAMONTÈS
2e HENRI ANGLADE
3e JACQUES ANQUETIL

Classement par points :
ANDRÉ DARRIGADE
Meilleur grimpeur :
FEDERICO BAHAMONTÈS

Poigny-la-Forêt ou la fausse entente cordiale

Après les turbulences du Tour 1958, la tâche du sélectionneur de l'équipe de France n'est guère aisée. La méfiance d'Anquetil envers les anciens s'est encore accrue : Geminiani reste en froid avec Louison Bobet ; Anquetil et Darrigade sont devenus moins proches ; et Roger Rivière, athlète surdoué et sans complexe, affirme son intention de courir le Tour avec « Gem », son maître à penser. Les choses finissent pourtant par s'harmoniser, du moins en apparence. Une ultime réunion à l'auberge des Trois Tilleuls à Poigny-la-Forêt est organisée. Mets de qualité mais longs silences dans la conversation entre Marcel Bidot, Louison Bobet, Raphaël Geminiani, Jacques Anquetil et Roger Rivière. Un accord est néanmoins scellé. Un accord fragile, si l'on s'en réfère aux propos d'Anquetil quittant la réunion : « Durant toute l'année Rivière et moi sommes adversaires. Aujourd'hui on nous demande d'être copains. Les organisateurs et Marcel Bidot m'imposent leur volonté, mais je courrai quand même contre lui. » L'optimisme affiché par le sélectionneur à l'issue de cette entrevue n'est que de façade. Il s'interroge également sur la forme de ses protégés, lesquels ne semblent pas à leur meilleur niveau. Bref, beaucoup de questions sans réponses. L'avenir allait mettre en évidence l'aspect illusoire de cette « entente cordiale », par trop favorable à Bahamontès. ✦

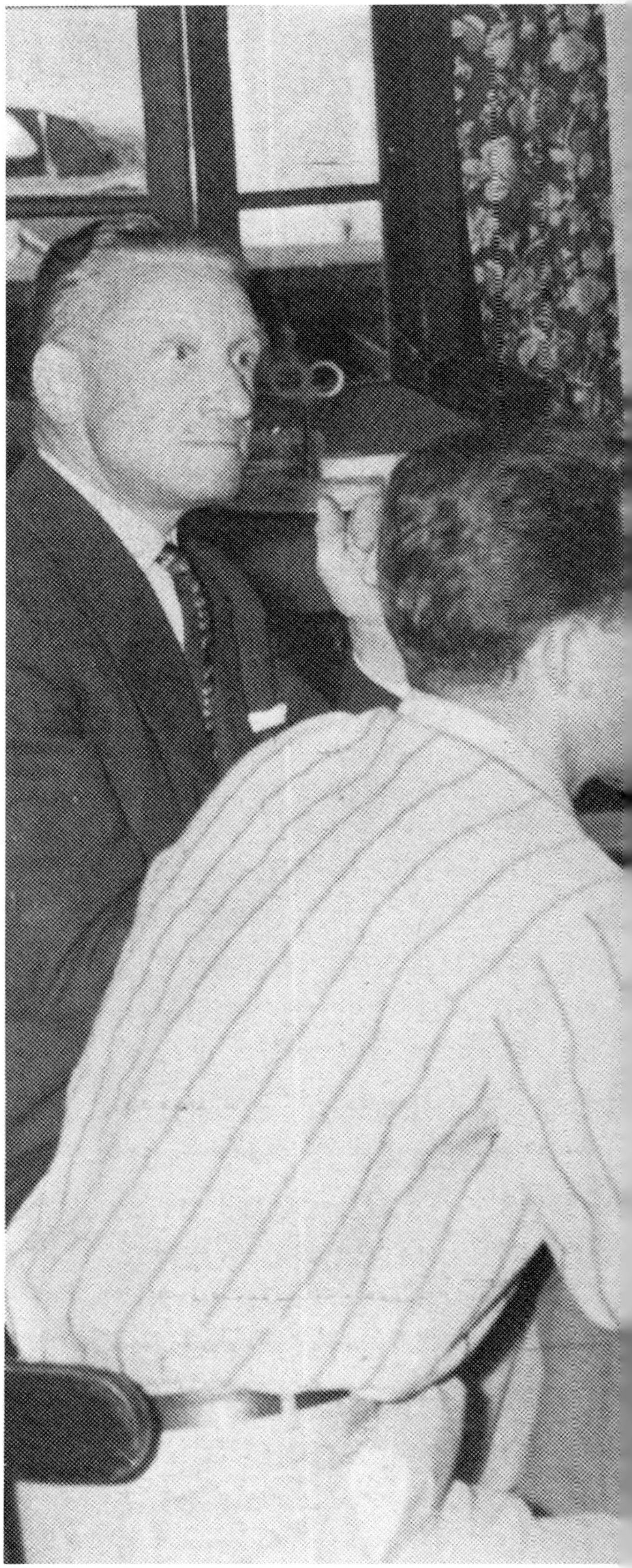

✦ Ci-contre : La bonne entente ne sera que de façade et Bahamontès en tirera profit.

HOMMES & DAMES

✦ 1960 ✦

Nencini après le drame

Nencini contre Rivière. C'est pour avoir voulu suivre l'Italien, un descendeur hors pair et son adversaire le plus dangereux, que Roger Rivière, sautant le parapet dans la descente du col cévenol du Perjuret, se brise la colonne vertébrale. Il était alors persuadé que le maillot jaune serait sa propriété le soir même. Emporté par la vitesse, il avait serré les freins trop tard, et sa roue avant s'était écrasée contre le parapet. Sa carrière s'achevait là, sur un lit de branchages écrasés par sa chute. Après sa tragique élimination, Nencini portant le maillot jaune, le classement ne changera plus. Les nationaux français défendent le maillot vert de Graczyck, vainqueur de quatre étapes, dont la dernière, marquée par la chute de Darrigade qui percute un employé du Parc imprudent.

A Colombey-les-Deux-Églises, le général de Gaulle avait quitté son domicile de la Boisserie pour assister au passage de la course, un peu en retrait de la route et la foule des spectateurs autour de lui. Jacques Goddet s'était avancé au-devant du Général : « Monsieur le Président, le Tour de France a tenu à s'arrêter pour vous saluer. – Monsieur le Directeur, il ne fallait pas. Il ne fallait pas. » Et il se porta devant le peloton immobilisé : « Monsieur Anglade, je vous reconnais et je vous félicite. Monsieur Nencini, j'ai appris vos exploits par la télévision. Bravo ! Maintenant vous avez gagné, Paris n'est plus loin. Bonne route, messieurs ! »

Tandis que Roger Rivière souffrait sur son lit d'hôpital, le problème du dopage était évoqué. Dans une poche de son maillot on avait retrouvé des comprimés d'un analgésique très puissant. On en concluait que Rivière, serrant les freins, aurait été abusé par l'insensibilité de ses doigts, symptôme enregistré après la prise de certains analgésiques. On parlait, aussi, d'amphétamines. Raymond Le Bert, ancien soigneur de Bobet et un temps celui de Rivière, avait dit : « Il est des pratiques que je n'admets pas. La pharmacie me fait peur. » ✦

✦ Ci-contre : Après le drame Rivière, tragédie au Parc des Princes : Darrigade en plein sprint percute un employé imprudent.
Ci-dessous : « Félicitations Monsieur Nencini ! »

1er GASTONE NENCINI
2e GRAZIANO BATTISTINI
3e JEAN ADRIAENSSENS

Classement par points :
JEAN GRACZYCK
Meilleur grimpeur :
IMERIO MASSIGNAN

1960

Roger Rivière brisé au Perjuret

« Roger Rivière vient d'être victime d'un accident grave », annonça Radio Tour. « C'était un dimanche de juillet, en 1960, écrivit Antoine Blondin. Midi avait sonné, la messe était dite. Et pratiquement le Tour aussi : il apparaissait qu'il ne pouvait échapper à Roger Rivière [...]. A la sortie de Millau, le soleil grillait les causses à perte d'horizon. Aucun signe de vie sur les crêtes pelées, ni dans les gorges où l'ombre d'une végétation rabougrie dessinait des quadrillages menaçants. Nous venions de franchir le col de Perjuret et plongions à virelets que veux-tu, chacun pour soi et Dieu pour tous ! Sauf pour un seul. Dans un tournant on vit un coureur, le grand Rostollan, qui faisait des gestes déments et remontait à contre-courant en criant : "Roger a tombé ! Roger a tombé !" Il gisait à une vingtaine de mètres en contrebas, atteint d'une fracture à la colonne vertébrale qui lui interdisait le moindre geste, le moindre appel. Sa tête reposait sur un lit de cailloux, les yeux ouverts sur la nature rugueuse qui l'entourait. [...] L'hélicoptère d'évacuation tournait au-dessus de nous, à la manière des charognards [...] L'ambulance débouchait, avec une étonnante majesté qu'elle tirait de sa lenteur, pour éviter les heurts. Rivière apparut sur la civière, livide plus que jamais et baigné dans sa sueur... » ✦

✦ Ci-contre : Le Perjuret de sinistre mémoire. Une carrière et une vie s'y brisent.

✦ 1961 ✦

Anquetil est de retour

Dans ce Tour dont il a fait son objectif, Jacques Anquetil choisit la manière forte. Il réclame les pleins pouvoirs dans l'équipe de France, et les obtient. Dès le premier soir, il revêt le maillot jaune et ne le quittera plus. Ayant adopté la formule dite « à l'italienne » – toute l'équipe au service du leader – la « bande à Bidot » réduit le spectacle et ne fait pas l'unanimité. Supérieur contre la montre, Anquetil contrôle la course. Sur la route de Chalon, une échappée ayant pris un quart d'heure, Anquetil se charge de colmater la brèche. Seul en tête du peloton durant plus de trente kilomètres, il comble son retard. Parmi ses adversaires, les meilleurs lâchent prise. Dès lors la victoire est acquise. Charly Gaul réussit un nouveau raid dans la Chartreuse, mais une chute le handicape ensuite et il doit même céder la deuxième place au Parc à Carlesi, et cela pour deux secondes. Les Pyrénées ne donneront rien, les opposants ayant mesuré l'extrême efficacité d'Anquetil, de même que l'exceptionnelle homogénéité de l'équipe : Anquetil en jaune, Darrigade en vert et neuf victoires d'étapes.

✦ Ci-contre : Jacques Anquetil ou la course en tête.
Ci-dessous : Le podium avec Anquetil, Carlesi (à gauche) et Gaul.

1er JACQUES ANQUETIL
2e GUIDO CARLESI
3e CHARLY GAUL

Classement par points :
ANDRÉ DARRIGADE
Meilleur grimpeur :
IMERIO MASSIGNAN

André Darrigade, un routier-sprinter hors pair

Le Dacquois André Darrigade illustrait la catégorie des routiers-sprinters capables de se surpasser dans le Tour et de rendre d'inestimables services à un leader.

Quand il rompit avec le Tour en 1966, après quatorze participations, il avait inscrit à son palmarès vingt-deux victoires d'étapes et gagné le classement par points en 1958 et 1959, après qu'il eut souvent porté le maillot jaune. Cinq fois il s'était octroyé la première étape de la Grande Boucle.

Bien que très rapide, en tous lieux — vainqueur notamment du Tour de Lombardie devant Fausto Coppi, il fut champion du monde à Zandvoort en 1959 — , André Darrigade était surtout un grandissime spécialiste du Tour, dont Marcel Bidot disait qu'il était irremplaçable. En fait, il était tout à la fois un finisseur de talent, un combattant de haute tenue, très dévoué à l'équipe, de même qu'un excellent capitaine de route. ✦

St Raphaël
Raphaël

✦ 1962 ✦

Anquetil : la passe de trois

Changement de formule : le Tour oppose des équipes de marques. Anquetil annonce : « Je limiterai l'avance des grimpeurs dans la montagne et je gagnerai le Tour dans la deuxième épreuve contre la montre. » Au début, Rik Van Looy, champion du monde en titre, ne laisse à personne d'autre le soin d'attaquer. Hélas, une moto l'expédie au tapis dans la traversée du Pays basque. Le choc réveille chez lui une ancienne blessure aux reins et le contraint à l'abandon. Le Tour perd ainsi son principal animateur. Jusque-là, valse du maillot jaune : Altig, Darrigade, Schroeders, Simpson, Plankaert se succèdent ; les Pyrénées apportent peu de changements. Sursaut de Poulidor qui enlève l'étape de la Chartreuse. Il s'installe alors à la troisième place, qui sera la sienne au Parc des Princes.

Jacques Anquetil, lui, est exact à son rendez-vous contre la montre. De Bourgoin à Lyon, il va démontrer son éclatante supériorité dans ce type d'exercice. Il atteint ce jour-là à l'un de ses sommets. Parti trois minutes après Poulidor, il le rejoint à mi-course et le distance après un bref mais très spectaculaire coude à coude. A l'arrivée Baldini est rejeté à trois minutes et Poulidor à cinq. Le maillot jaune tombe sur les épaules du Normand qui rejoint au palmarès Thys et Bobet, trois fois victorieux.

L'expérience de la « Grande Boucle » par équipes de marques venait de réussir et le duel Anquetil-Poulidor allait bientôt diviser la France en deux camps.

✦ Ci-contre : Élégance et efficacité, Jacques Anquetil est bien le numéro un.
Ci-dessous : Anquetil mène la danse.

1er JACQUES ANQUETIL
2e JOSEPH PLANKAERT
3e RAYMOND POULIDOR

Classement par points :
RUDI ALTIG
Meilleur grimpeur :
FEDERICO BAHAMONTÈS

✦ 1962 ✦

Quand Poulidor devient « Poupou »

Quelques jours avant le départ de son premier Tour, Raymond Poulidor se fracture l'auriculaire gauche. C'est donc avec un plâtre que le Limousin prend le départ à Nancy : « Parce que vous avez la main dans le plâtre, le public vous acclame, mais il attend mieux de vous », lui rappelle Antonin Magne, son directeur sportif.

Dans les Alpes, de Briançon à Aix-les-Bains, la course emprunte un parcours désormais classique : cols du Luitel, de Porte, du Cucheron et du Granier, autrement dit, le massif de la Chartreuse. Une étape de référence illustrée par les exploits de Robic et de Gaul. Poulidor attaque dès le bas du col de Porte. Une attaque ravageuse, portée avec le cœur, les tripes, et avec la peur au ventre sans doute. La défense de Bahamontès est vaine, celle d'Anquetil également. Le Limousin est déchaîné. Il se présente à Aix-les-Bains trois minutes avant ses poursuivants et passe à la troisième place du classement général. Poulidor est devenu « Poupou », sous la plume du journaliste Émile Besson de *L'Humanité*.. ✦

✦ Ci-contre : Raymond Poulidor, doigt plâtré, va effectuer un Tour de haute tenue et forcer le cœur des Français.
Ci-dessous : « Vas-y Poupou ! »

BP
MERCIER
BP
BP
140

✦ **1963** ✦

Anquetil tient les grimpeurs en échec

Un Tour fait pour les grimpeurs : arrivées situées plus près des cols, étapes contre la montre plus courtes. Mais Jacques Anquetil connaît une période d'embellie en cette année 1963. Il se méfie de Bahamontès, lequel s'est réservé pour le Tour, plus que de Poulidor, encore moyen contre la montre. Or, celui-ci va créer la surprise, terminant à moins d'une minute d'Anquetil dans la première « épreuve de vérité ». Pour sa part, Bahamontès n'a pas attendu la montagne pour attaquer, deuxième surprise. Alors, Anquetil métamorphosé tiendra les grimpeurs en échec sur leur propre terrain. Dans l'étape « musclée » du Tourmalet, accroché à son guidon, concentré et pugnace, il annihile toutes les attaques et triomphe de Perez-Frances et Poulidor à Luchon, et cela au sprint. A l'arrivée, Antonin Magne, déçu, s'adresse à Poulidor : « Vous auriez pu faire mieux. Vous auriez dû le lâcher. – Vous croyez, monsieur Magne ? On ne lâche pas Anquetil quand il veut être présent à l'arrivée. »

La démonstration de Maître Jacques a impressionné ses adversaires et la course perdra de son intensité les jours suivants. Puis, Bahamontès l'emporte à Grenoble et revêt le maillot jaune à Val-d'Isère, Anquetil le suivant à deux secondes et Poulidor à près de trois minutes. L'affrontement direct a lieu le lendemain. Poulidor attaque au bas de la Forclaz, mais s'effondre tandis que Bahamontès place une accélération fulgurante. Seul Anquetil parvient à le suivre. Il effectue la montée sur un vélo léger qu'il remplace par un plus lourd avant la descente – un câble de dérailleur habilement coupé sera prétexte au changement de machine alors interdit. Anquetil bat l'Espagnol à Chamonix et s'empare du maillot jaune.

La suite fut une simple formalité. Anquetil, naguère conspué, reçut une ovation triomphale au Parc des Princes, tandis que Poulidor, huitième au classement, fut accablé de sifflets et d'injustes quolibets. Le Normand venait de gagner son quatrième Tour de France et Bahamontès, second, s'assurait pour la cinquième fois le Grand Prix de la montagne. Rick Van Looy, quant à lui, ramenait le maillot vert en Belgique. Moins ambitieux que l'année précédente, il avait dit au départ son intention de rechercher exclusivement les victoires d'étapes et la première place au classement par points. ✦

✦ Ci-contre : Jacques Anquetil mène la danse devant Bahamontès, Poulidor et Ocana. Échec aux rois de la montagne.

1er JACQUES ANQUETIL
2e FEDERICO BAHAMONTÈS
3e JOSÉ PEREZ-FRANCES

Classement par points :
RIK VAN LOOY
Meilleur grimpeur :
FEDERICO BAHAMONTÈS

BP
33-FF76

MERCIER
HUTCHINSON
LF TORO

✦ 1964 ✦

Et de cinq pour Anquetil, malgré Poulidor

Un « Tour de violence », a-t-on écrit. Le Tour du duel Anquetil-Poulidor. Il démarre sur les chapeaux de roues et restera indécis jusqu'aux portes du Parc des Princes. A Fribourg-en-Brisgau, devant son public, Altig revêt le maillot jaune. Puis, Bahamontès attaque au col du Télégraphe, passe le Galibier en tête et gagne à Briançon. A Monaco, sur la piste en cendrée, Poulidor franchit le premier la ligne d'arrivée, lève les bras... mais il reste un tour à effectuer et Anquetil l'emporte et reçoit la minute de bonification. Au col d'Envalira, en Andorre, Anquetil essuie une terrible défaillance et perd quatre minutes, Geminiani lui passe un bidon de champagne : « Ou ça le crève, ou il s'envole ! » Dans la descente, le Normand prend tous les risques. « C'est vrai, j'ai frisé la mort. J'ai tout descendu au radar. Ça passait ou ça craquait, je n'avais pas le choix ! » Dans la vallée il se refait une santé, rejoint le groupe de tête. Et, soudain, le destin bascule : Poulidor s'arrête, la roue arrière brisée. Il saute en voltige sur une nouvelle machine, mais son mécanicien le catapulte alors qu'il est en déséquilibre, et c'est la chute, compliquée d'un saut de chaîne ! Devant lui, Anquetil roule à fond en compagnie des équipiers de Georges Groussard, maillot jaune depuis Briançon. Poulidor, accablé, perdra deux minutes dans l'affaire.

✦ Ci-contre : Pour une poignée de secondes après une course à couper le souffle...
Ci-dessous : Un méchoui à Andorre. Le lendemain, Anquetil sera lâché au col d'Envalira.

1er JACQUES ANQUETIL
2e RAYMOND POULIDOR
3e FEDERICO BAHAMONTÈS

Classement par points :
JAN JANSSEN
Meilleur grimpeur :
FEDERICO BAHAMONTÈS

Le lendemain, il explose, rageur, au col de Portillon et arrive détaché à Luchon, ayant repris plus d'une minute. « Il en a quand même dans le ventre ! » s'exclamera Jacques Anquetil. L'étape suivante est marquée par un festival de Bahamontès dans les quatre grands cols pyrénéens. Il faudra une très vive réaction de ses adversaires pour réduire un avantage qui aurait pu lui valoir la victoire finale. Au terme de la course contre la montre à Peyrehorade, Anquetil bat de trente-sept secondes Poulidor victime d'une crevaison et enlève le maillot jaune à Groussard. Enfin, c'est le coude à coude d'anthologie sur les pentes du Puy de Dôme dont Poulidor sort victorieux.

La dernière épreuve, Versailles-Paris contre la montre, se déroule dans une atmosphère de corrida. L'issue en est longtemps indécise. Au sommet de la côte des Gardes, à Clamart, Poulidor talonne Anquetil à cinq secondes. La descente sur le pont de Sèvres et la traversée de Boulogne vont permettre au Normand, rompu à l'usage des grands braquets, de gagner au Parc des Princes avec seize petites secondes d'avance sur Altig et vingt et une sur Poulidor. Il reçoit, par ailleurs, vingt secondes de bonification et gagne son cinquième Tour de France avec cinquante-cinq secondes d'avance sur le Limousin et près de cinq minutes sur Bahamontès. ✦

BP
BP
115
118

✦ 1964 ✦

Puy de Dôme : le Duel

Puy-de-Dôme, 12 juillet 1964. Une foule attentive et joyeuse, évaluée à 500 000 personnes, s'est rassemblée sur les pentes abruptes du vieux volcan. Une trentaine de coureurs affrontent les premières rampes, maillots détrempés par la sueur, visages ruisselants et regards fixes. Le maillot jaune d'Anquetil et la tunique violine de Poulidor progressent déjà côte à côte. L'avant-garde de la course, en danseuse et en file indienne, s'engage sur la voie pentue. Aussitôt, Jimenez se dégage, suivi de Bahamontès. Derrière eux, Anquetil et Poulidor gravissent la pente épaule contre épaule. Très longtemps leurs deux roues avant restent sur une même ligne, chacun des protagonistes de ce duel au couteau cherchant à imposer son rythme et à impressionner le rival. A quinze cents mètres du sommet, Anquetil soudain cède un mètre, puis deux. Son visage jusque-là empourpré vient de perdre ses couleurs ; la sueur coule en gouttelettes sur ses joues creuses. Et Poulidor, au paroxysme de l'effort, lui aussi, s'en va grignotant mètre après mètre ! Tandis qu'il en appelle à ses ultimes ressources, afin de grimper le plus vite possible, Anquetil, à demi inconscient, se surpasse pour enrayer l'hémorragie de temps. Au sommet, où Jimenez est arrivé premier, les deux hommes vont s'effondrer. Le Limousin a pris quarante-deux secondes au Normand, mais celui-ci conserve le maillot jaune pour quatorze secondes ! « Si Poulidor avait pris le maillot, je rentrais à la maison ce soir », dira Anquetil, un peu plus tard. Ils venaient d'écrire ensemble une des grandes pages du cyclisme. ✦

✦ Ci-contre : Un coude à coude d'anthologie présent dans toutes les mémoires.

1965

Gimondi résiste à Poulidor

Vainqueur du Tour de l'Avenir en 1964, Felice Gimondi se manifeste dès les premières étapes. Il gagne à Rouen et reçoit le maillot jaune. Puis, il termine second à seulement dix-sept secondes de Poulidor, lors de la première étape contre la montre. Frimas au Tourmalet, fournaise à Aubisque. Où l'on voit Lucien Aimar mettre pied à terre, le regard vide, faire trois pas et tomber raide. Au même instant, deux de ses coéquipiers éprouvaient de semblables malaises. « Insolation », dira le médecin. Trois juges de paix restent à escalader : Ventoux, Izoard, mont Revard. Dans la montée du « Géant de Provence », Poulidor s'affirme devant Jimenez et Gimondi, se rapprochant à trente secondes au classement général. Le Limousin est persuadé qu'il va battre l'Italien contre la montre au mont Revard, Vars et Izoard n'ayant rien donné. Or, c'est Gimondi qui l'emporte là où Poulidor pensait conquérir le maillot jaune. Trente secondes de mieux. «Poupou» accepte la défaite avec dignité et tente, mais sans succès, de lâcher son adversaire dans les côtes de la vallée de Chevreuse, avant de connaître l'échec une fois encore lors de l'épreuve contre la montre du dernier jour. Il termine une nouvelle fois deuxième au Parc des Princes : l'image d'« éternel second » est en train de naître. Or, il s'est incliné au terme d'une franche confrontation, battu par un sujet exceptionnel.

L'Italien avait su prendre des initiatives au cours de la première semaine, usant d'une liberté dont ne jouissaient ni Motta, ni Adorni. Au fil des jours il s'était métamorphosé pour devenir dans les Alpes un leader plein d'autorité. A l'inverse du Limousin, lequel avait fléchi dans les Pyrénées et temporisé dans les Alpes, Gimondi était resté sans cesse égal à lui-même, révélant d'exceptionnelles facultés de récupération. ✦

✦ Ci-contre : Felice Gimondi au sommet de son art dans ce Tour de France.
Ci-dessous : Jimenez et Poulidor dans le Ventoux.

1er FELICE GIMONDI
2e RAYMOND POULIDOR
3e GIANNI MOTTA

Classement par points :
JAN JANSSEN
Meilleur grimpeur :
JULIO JIMENEZ

TOUR DE FRANCE
1965
PRESSE 106

KAS
FORD

✦ 1966 ✦

Aimar surprend Poulidor

La rivalité entre Anquetil et Poulidor divise la France en deux camps hostiles lorsque les deux hommes s'alignent au départ, une nouvelle fois. La première partie de l'épreuve est dominée par les routiers-sprinters. L'Allemand Rudi Altig, l'un des plus grands animateurs du Tour, triomphe le premier jour et conserve la tunique neuf jours durant. La course reste cependant monotone : au seuil des Pyrénées, les quarante-cinq premiers au classement général se tiennent en deux minutes ! Entre Bordeaux et Bayonne, les coureurs mettent pied à terre : grève symbolique contre l'anti-dopage, la loi balbutiante conduisant à des invraisemblances dans son interprétation et son application.

Durant la première étape pyrénéenne, une poignée de coureurs prennent sept minutes au peloton. Parmi eux Janssen et Aimar, dont Geminiani veut faire un leader de rechange derrière Jacques Anquetil. Dans l'étape Briançon-Turin, Anquetil annihile une offensive de Poulidor, Aimar dans sa roue. Aussitôt celui-ci part en contre et poursuit son effort. L'effet de surprise est tel que Poulidor reste sans réaction. Il perd deux minutes sur l'Azuréen nouveau maillot jaune. Par la suite, celui-ci bénéficiera de l'aide totale d'Anquetil et de Jimenez.

Au-delà de ces assistances très efficaces, Lucien Aimar, coureur complet, intelligent et volontaire, avait su mener sa course avec beaucoup de clairvoyance. Entre Rambouillet et le Parc des Princes, où Altig l'emporta, il calqua sa course sur celle de Janssen, conservant une grande part de son avance sur celui-ci et sur Poulidor, ses deux adversaires les plus dangereux. ✦

✦ Ci-contre : Anquetil va lancer Aimar, le piège se referme sur Poulidor.

1er LUCIEN AIMAR
2e JAN JANSSEN
3e RAYMOND POULIDOR

Classement par points :
WILLY PLANCKAERT
Meilleur grimpeur :
JULIO JIMENEZ

Poulidor encore et toujours

Poulidor est encore l'un des favoris de ce Tour. Dans l'étape contre la montre, à Vals-les-Bains, il prend un net avantage sur ses adversaires durant la première partie du parcours où il faut gravir une côte, véritable col de trois kilomètres. Il se livre ensuite à une fantastique démonstration de virtuosité dans la descente, où il donne le frisson aux suiveurs. Anquetil et lui-même se livrent à un duel farouche, au terme duquel le Normand concède sept secondes, Aimar quarante-sept et Janssen cinquante-sept. Poulidor allait renouveler son audace le lendemain dans la descente du col d'Ornon. Sur un tapis de boue et de caillasses, sous la pluie battante et dans la lueur bleue des éclairs qui zèbrent le fond de la vallée, il sème une nouvelle fois Anquetil, lequel est contraint à un effort prodigieux sur la fin pour réduire son écart à une minute.

✦ Ci-contre : Malgré toute sa détermination, Raymond Poulidor devra céder devant Lucien Aimar.
Ci-dessous : Poulidor crée l'événement, son escorte en témoigne.

« Une minute ? Ma vie vaut plus que ça ! »

Dans la nature sauvage et violente du Galibier enneigé, Anquetil et Poulidor offrent au public la vision superbe et symbolique de deux coureurs au coude à coude, unis dans l'histoire de ce Tour.

Le Limousin multiplie les attaques dont l'une foudroyante à la Forclaz. Cette passe d'armes restera un des hauts faits du Tour. Le Limousin démarre avec une extrême violence à la sortie d'un virage en épingle et distance tous ses adversaires. A Chamonix, il affiche cependant un visage désabusé car cette performance ne lui rapporte que quarante-neuf secondes relativement à Lucien Aimar, porteur du maillot jaune : il vient d'échouer dans sa tentative de reconquête.

Plus tard, Anquetil dira : « L'épanouissement de Poulidor aura été tardif, mais il était meilleur en 1966 qu'il ne l'avait jamais été auparavant. » Le maillot jaune venait néanmoins de lui échapper une fois de plus… ✦

BP
26
POULIDOR

BP
BP

1967

Pingeon casse la baraque

« Pingeon est peut-être le Français le plus en forme. Il se peut que l'un de nous soit éliminé prématurément de la course au maillot jaune. Si c'est moi, je ferai tout pour aider le mieux placé. » Ainsi parlait Raymond Poulidor à la veille du départ de ce Tour, rendu à la formule des équipes nationales. De fait, Roger Pingeon va clarifier la situation entre Roubaix et Jambes, réalisant un exploit de haute lignée qui donnera à la course une tournure inattendue et définitive.

Revenu seul sur un groupe d'échappés, il les lâche et rejette les principaux favoris à plus de six minutes, cela au terme d'un raid lumineux de soixante kilomètres : « Il s'en est fallu de peu que je ne revienne jamais sur cette échappée, déclare Pingeon en revêtant le maillot jaune. C'est Stablinsky qui m'a secoué. “Vas-y, bon Dieu ! Vas-y !” qu'il hurlait, le père Stab. Je les ai récupérés au sprint. Ensuite je les ai décramponnés au train, sans forcer véritablement. C'était mon jour, tout simplement. »

Malchanceux, Poulidor va s'effondrer au Ballon d'Alsace et perdre onze minutes, alors qu'à l'avant Lucien Aimar s'envolait. En difficulté au Galibier, Pingeon trouve en Raymond Poulidor un équipier de luxe très à l'aise ce jour-là qui n'hésite pas à l'attendre et le secourir, sacrifiant ainsi ses propres chances. Poulidor en sort grandi et plus populaire que jamais. Il allait pouvoir mesurer la sympathie du public à son endroit aux acclamations qui saluèrent sa performance du dernier jour contre la montre. Tous ses déboires étaient oubliés.

Le Parc des Princes et sa piste rose avaient pour la dernière fois servi de cadre à l'arrivée du Tour. Un mois plus tard, les démolisseurs prenaient possession des lieux. ✦

✦ Ci-contre : Roger Pingeon. C'était son jour, c'était son Tour.
Ci-dessous : L'échappée victorieuse de Pingeon.

1er ROGER PINGEON
2e JULIO JIMENEZ
3e FRANCO BALMANION

Classement par points :
JAN JANSSEN
Meilleur grimpeur :
JULIO JIMENEZ

✦ 1967 ✦

Simpson meurt au Ventoux

13 juillet. Le Ventoux et ses vingt kilomètres de pentes calcinées. La chaleur y est torride. Poulidor, Jimenez, Pingeon, Gimondi et quelques autres se tiennent aux avant-postes. A deux encablures derrière eux, l'Anglais Thom Simpson. A trois kilomètres du sommet, dans un paysage de caillasse, le Britannique commence à vaciller. Le drame est imminent, il se produit un kilomètre plus haut. Le malheureux monte au ralenti, le regard perdu. Il tombe une première fois. Des spectateurs le remettent en selle et le poussent. Il parcourt encore trois cents mètres et s'effondre à nouveau. Cette fois, on ne cherche plus à le relever : il a perdu connaissance. Sous un soleil de feu et dans un décor de fin du monde, il gît sur un lit de rocaille blanche, les yeux ouverts mais inexpressifs. Un spectateur pratique le bouche à bouche. Pierre Dumas, médecin du Tour, arrive. Piqûre pour soutenir le rythme cardiaque déclinant, masque à oxygène, rien n'y fait. Le malheureux reste sans connaissance. Transporté par hélicoptère à l'hôpital d'Avignon, il meurt ce 13 juillet à 17 h 30. Amphétamines, effort au-delà de la limite de ses forces, alcool – assoiffé, il avait bu un pastis puis du cognac dans un bar – tout cela avait entraîné la mort.

Champion du monde en 1965, vainqueur de plusieurs grandes classiques, Thom Simpson s'était fait apprécier dans les pelotons par son ardeur et son humour. Généreux dans l'effort, « il était capable de pédaler jusqu'à la mort », avait dit un de ses coéquipiers. « Aujourd'hui, s'ils prennent un "truc" on aura un mort sur le dos », avait aussi prophétisé le docteur Dumas le matin à Marseille, après qu'il eut humé l'atmosphère déjà très lourde. ✦

✦ Ci-contre : Avant même d'atteindre le sommet aride du Géant de Provence, Thom Simpson est à l'ouvrage. Encore quelques kilomètres et ce sera le drame.

PELFORTH
BP

✦ 1968 ✦

Janssen in extremis

Au départ de l'ultime étape Melun-Paris, courue contre la montre, les positions sont précaires : sept coureurs se tiennent en deux minutes ! Trois d'entre eux semblent les mieux placés pour convoiter la victoire : Herman Van Springel, porteur du maillot jaune, Ferdinand Bracke, recordman du monde de l'heure, et Jan Janssen, capable de sursauts dans les grandes occasions. De fait, le Hollandais l'emporte sur un Bracke favori mais paralysé par le trac et un Van Springel qui n'en revient pas. La critique belge reprocha à ce dernier de n'avoir pas su se surpasser en ce jour exceptionnel, mais, lui, il restait fort circonspect : « Je suis sûr d'avoir réalisé une très bonne course. Comment Janssen a-t-il fait pour me coiffer de cinquante-quatre secondes ? », se demandait-il encore longtemps après.

Des rumeurs circulèrent concernant une entorse au contrôle antidopage, rumeurs incontrôlables, démenties par le médecin du Tour. « Très franchement, expliquait Janssen, je n'espérais pas gagner. Je jugeais Van Springel imbattable. Or, quand à mi-parcours j'ai appris qu'il me précédait de cinq secondes à peine, j'ai roulé comme jamais ! Je ne sentais plus la fatigue et le public me portait de ses acclamations. » Une explosion de joie l'accueillit à la « Cipale » car le Hollandais attirait la sympathie. Coureur complet, cet ancien champion du monde gagnait le Tour sans avoir porté le maillot jaune.

Ce maillot qui échappa aux « tricolores », alors que Poulidor et Pingeon y pensaient fortement. L'équipe avait été bâtie autour d'eux et chacun voyait déjà Poulidor en jaune, mais sur la route d'Albi il fut victime d'un accident alors que Pingeon était seul devant, échappé. Un motard de presse avait fauché le Limousin, ruinant ainsi ses espoirs. Car ses adversaires accélérèrent aussitôt. Ensanglanté, il reprit la route courageusement et parvint à limiter son retard à la minute, alors que Pingeon s'était attribué l'étape à défaut d'atteindre au maillot jaune, qu'il aurait certainement conquis sans la violente réaction du peloton après la chute de Poulidor. L'étape suivante vit un Poulidor couvert de pansements et un Pingeon fatigué par son raid de la veille (193 kilomètres) perdre neuf minutes. Poulidor abandonna ; Pingeon continua à se battre pour l'honneur et triompha encore à Grenoble, avant de prendre la cinquième place au classement final. ✦

✦ Ci-contre : Le Hollandais Jan Janssen, à gauche, allait l'emporter le dernier jour. Ci-dessous : Poulidor. Sa chute a laissé des traces.

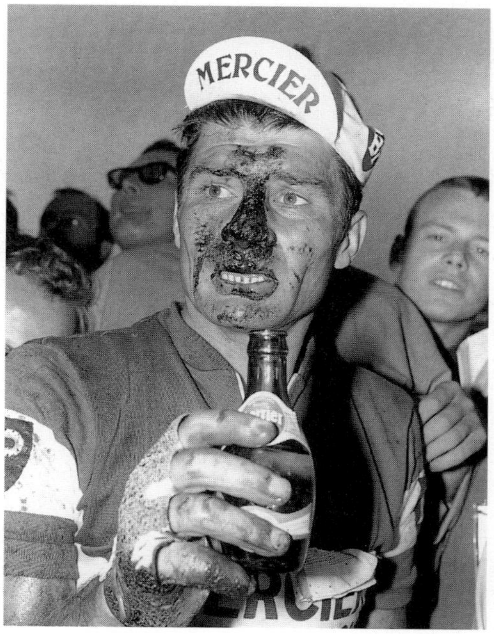

1er JAN JANSSEN
2e HERMAN VAN SPRINGEL
3e FERDINAND BRACKE

Classement par points :
FRANCO BITOSSI
Meilleur grimpeur :
AURELIO GONZALES

SALVARANI
BP

✦ 1969 ✦

Et Merckx arriva...

Eddy Merckx, ce jeune champion que chacun redoute désormais, est présent pour la première fois. Très rapidement il se manifeste avec le concours de son équipe Faema – le Tour en est revenu à la course par équipes de marques. Au pied des Vosges, quinze coureurs sont encore groupés en moins d'une minute. Alors, Merckx décide de prendre la course en main. Dès les premières rampes du Ballon d'Alsace il plante là ses compagnons de route. Au sommet, où se juge l'arrivée, Altig est repoussé à deux minutes, les autres à plus de quatre minutes. « J'avais besoin de faire le point, dit-il. Je suis rassuré. » Il confirme lors du premier « contre la montre », à Divonne-les-Bains. Pingeon, le seul à ne pas admettre la domination du Belge, relève le défi, le surlendemain, l'accompagne dans la Forclaz et le bat à Chamonix – en vérité Merckx avait souffert de crampes à cause d'un mauvais choix de manivelles. Au col d'Allos, Pingeon démarre sèchement. Merckx rapplique, poursuit son effort et l'emporte à Digne.

Toujours aux avant-postes, Merckx impose sa loi. Déjà, on se bouscule pour les accessits. Honneur à Raymond Delisle qui triomphe à Luchon pour la fête nationale.

✦ Ci-contre : Dès son premier Tour, Eddy Merckx allait s'imposer. Gimondi et Poulidor, ici, ne peuvent que suivre.
Ci-dessous : Le tour d'honneur de Merckx à la Cipale.

Peut-être la gifle que Pingeon lui a administrée la veille pour ce qu'il avait été trop combatif l'a-t-elle stimulé !...

La grande étape des Pyrénées va marquer l'apogée de Merckx dans son premier Tour de France. Au sommet du Tourmalet, il accélère afin de consolider sa position au Grand Prix de la montagne et pour s'engager le premier dans la descente, en sorte de limiter les risques d'accident. Toujours seul au bas de la descente, il s'accorde un long temps de roue libre, s'alimente, jetant des regards vers l'arrière. Comme les autres se font trop attendre, il appuie un peu plus fort sur les pédales – l'arrivée est à 130 kilomètres ! Il augmente son avance dans Soulor et Aubisque et gagne à Mourenx. Sept minutes s'écoulent avant que n'arrivent ses poursuivants ! Le dernier jour il gagne le contre la montre entre Créteil et Vincennes : sixième étape à son actif. Au classement final il précède Pingeon de dix-sept minutes et cumule les trois maillots distinctifs de la course : le jaune du classement général, le vert du classement par points et le blanc du « combiné ». De plus, il est sacré meilleur grimpeur ! Un surnom va lui être donné : le « Cannibale ». ✦

1er EDDY MERCKX
2e ROGER PINGEON
3e RAYMOND POULIDOR

Classement par points :
EDDY MERCKX
Meilleur grimpeur :
EDDY MERCKX

1970

L'ogre de Tervueren a la dent dure

Lorsqu'il se présente à Limoges au départ du Tour 1970, Eddy Merckx en est le grand favori. Et, dès les premiers jours, il occupe le terrain. A Valenciennes, il reçoit le maillot jaune et ne le quittera plus ! Le Brabançon magnifique manœuvre à sa guise, esquivant les coups d'autant mieux qu'ils sont rares. Dans le Jura, il creuse des écarts impressionnants. « D'accord, il est le plus fort, mais tout le monde veut faire sa petite course et personne ne roule ! » regrette Janssen, tandis que Poulidor soupire : « Il dresse la guillotine chaque jour et vous met la tête sous la lame. » Il écrase encore ses rivaux sur la route de Grenoble qu'il rallie avec deux minutes d'avance.

Le champion belge, pour donner plus d'éclat et d'ampleur à sa victoire, déclenche une nouvelle offensive de grand style au mont Ventoux. Il attaque dès les premières rampes, accélère et gravit la pente bien posé en machine, les mains aux « cocottes » de frein, les épaules rythmant sa pédalée. Il est seigneurial, insensible à la chaleur et à la pente. Mais, s'étant porté seul en tête, il va perdre du terrain, ayant trop présumé de ses forces et, surtout, sous-estimé l'obstacle. Il conserve une minute d'avance, mais défaille à l'arrivée : « C'est pas possible ! J'étouffe... », lâche-t-il alors qu'il vacille. On le soutient. Dans l'ambulance, Van Den Bossche, second de l'étape, est allongé, un masque à oxygène sur le visage. Merckx prend sa place. Il paie sa trop grande générosité et sa méconnaissance du terrain.

A Paris Merckx triomphera avec 12'41" d'avance sur le jeune Néerlandais Joop Zoetemelk, lequel a suivi sans jamais prendre l'offensive. Des hommes vieillissaient : Poulidor, Janssen, Van Springel... Deux nouveaux, très talentueux, avaient cependant montré le bout de l'oreille : Luis Ocana, Bernard Thévenet. ✦

✦ Ci-contre : Puissant et dominateur, un Eddy Merckx sans concessions.

1er EDDY MERCKX
2e JOOP ZOETEMELK
3e GOSTA PETTERSON

Classement par points :
WALTER GOODEFROT
Meilleur grimpeur :
EDDY MERCKX

VIRLUX

✦ 1970 ✦

Un nommé Bernard Thévenet

« Tu es le plus frais, attaque ! » Le petit groupe de tête escalade les premières pentes du Tourmalet quand Victor Cosson, troisième du Tour en 1938 et aujourd'hui motard de presse, incite ainsi vivement le jeune Bourguignon à tenter sa chance.

Devant, Gilbert Bellone aborde en tête la montée finale vers la Mongie, station située à mi-pente du Tourmalet. Il fait bonne impression et semble parti pour remporter l'étape lorsqu'à cinq kilomètres de l'arrivée Bernard Thévenet, surgissant de l'arrière, le rejoint et le dépasse. Il termine seul l'ascension et s'impose à La Mongie où il se révèle à lui-même ainsi qu'au grand public — les observateurs avaient accueilli avec surprise sa cinquième place au Ventoux quelques jours auparavant.

Ce néo-professionnel de 22 ans, ancien champion de France des amateurs, appelé de dernière minute dans l'équipe Peugeot, sera l'une des rares révélations de ce Tour. ✦

✦ Ci-contre : Appelé de dernière heure, Bernard Thévenet sut saisir sa chance.

PEUGEOT
BP
BP

gan
MIKO
2219 RM 57

✦ 1971 ✦

Merckx face à Ocana

Il règne un déplaisant climat anti-Merckx au départ de ce Tour. Les victoires répétées du Bruxellois agacent, sa domination est trop écrasante. Le départ est donné à Mulhouse. Après le règne initial et traditionnel des routiers-sprinters – Merckx s'est déjà imposé à Strasbourg – l'intérêt du Tour va augmenter au Puy de Dôme. A quatre kilomètres du sommet, Ocana surprend le champion belge : quinze secondes d'avance à l'arrivée. Une crevaison de Merckx sur la route de Grenoble va offrir à Ocana l'occasion d'une deuxième offensive. Il reste trente kilomètres à parcourir. Le maillot jaune, distancé après sa « perçure », réduit son écart à cent mètres, mais faiblit ensuite. Il perd une minute et demie à Grenoble.

« Le Cannibale a livré une dure poursuite hier, il aura les jambes raides aujourd'hui », explique Geminiani au départ de Grenoble pour Orcières-Merlette. Agostinho, puis Ocana attaquent dans la côte de Laffrey, appliquant la consigne de leur directeur sportif. Et Ocana s'en va, dos arrondi, enroulant en souplesse un braquet raisonnable. Merckx tente d'organiser la poursuite, mais ses accompagnateurs font la sourde oreille. En fait, c'est la curée ! Cependant, le maillot jaune ne baisse pas les bras. 77 kilomètres durant il se bat contre la multitude attachée à sa perte, ou dépassée par l'ampleur du débat. A Orcières-Merlette, son passif frôle les neuf minutes. « Des échappées comme celle d'Ocana, on n'en a pas vu souvent dans le Tour, commente Geminiani. Mais je me demande si ce que Merckx a réalisé derrière, avec tous les gars dans sa roue, n'est pas plus formidable encore… »

Dès le lendemain, sur la route de Marseille, Merckx rétablit sa souveraineté. Il reprend deux minutes à Ocana au terme d'une étape folle menée à 45 de moyenne. Ensuite, ce sera les Pyrénées avec cette étape d'apocalypse entre Revel et Luchon, par le col de Mente ; la chute d'Ocana et son abandon. Ces Pyrénées impitoyables dont Manuel Fuente sera le roi en définitive. Au lendemain de l'abandon d'Ocana, Merckx refusera de porter le maillot jaune, comme Kubler l'avait déjà fait en 1950, après le retrait des Italiens en bloc. Il le portera ensuite jusqu'à la fin sans jamais être inquiété.

Une question était posée : Merckx, malgré toute sa valeur, eût-il été en mesure de refaire la totalité de son retard sur Ocana avant Paris ? Pas certain. En tout état de cause l'affaire eût été chaude. ✦

✦ Ci-contre : L'« ancien » Poulidor et le maître d'alors Merckx imposent un rythme soutenu en tête du groupe. A droite, Zoetemelk.
Ci-dessous : Ocana à la conquête du maillot jaune.

1er EDDY MERCKX
2e JOOP ZOETEMELK
3e LUCIEN VAN IMPE

Classement par points :
EDDY MERCKX
Meilleur grimpeur :
LUCIEN VAN IMPE

✦ 1971 ✦

Heurs et malheurs d'un grand d'Espagne

En plusieurs occasions, Luis Ocana a ébranlé le trône du roi Eddy Ier. Au Puy de Dôme, où il l'a emporté. A Grenoble, où il a encore repris du temps au maillot jaune. Aussi attaque-t-il dès le lendemain sur la route d'Orcières-Merlette. Seul contre tous, Merckx ne peut combler l'écart. Et Luis Ocana, dans un grand jour, accentue son avance : neuf minutes à l'arrivée et en prime le maillot jaune. « Aujourd'hui Ocana nous a matés comme El Cordobès dans l'arène mate ses taureaux. » Bel hommage d'Eddy Merckx à son vainqueur !

Voici les Pyrénées. Dès le bas du col de Mente on devine que les choses vont se gâter. Au ciel et sur la terre. Des nuées épaisses et noires s'accumulent sur les sommets. Merckx démarre rageusement, Ocana dans son sillage. Le Belge zigzague sur la route étroite et montante. Il multiplie les attaques, change de bord sans cesse pour « sortir » Ocana de son sillage. En vain : l'Espagnol de Mont-de-Marsan est à la parade, on ne le lâchera pas. Sitôt franchi le sommet, l'orage éclate. Un cataclysme. Les trombes d'eau inondent la chaussée, transformant en torrents de boue certaines fractions de cette route étroite et vertigineuse. La grêle s'en mêle, la visibilité devient nulle. Les freins ne serrent plus, les hommes hurlent. Merckx descend comme un fou. Il s'engage à toute allure dans un virage à gauche, dérape, heurte le muret, tombe et repart aussitôt. Deux spectateurs noyés sous le déluge se sont précipités. Ocana ne peut les éviter. Il voit des coureurs qui passent devant lui, jambes écartées, freinant avec leurs pieds. Il tente de se relever, souffrant de l'épaule et des genoux, quand Zoetemelk le percute de plein fouet, ainsi que Lopez-Carril et Agostinho. Il ressent une douleur atroce aux reins et sombre dans une demi-inconscience. « Je me suis senti mourir », dira-t-il plus tard. Et ce sera l'ambulance, puis l'hélicoptère vers l'hôpital de Saint-Gaudens. C'était le 12 juillet 1971, vers 16 h 30. Il faisait très sombre sur les Pyrénées et Ocana venait de perdre le Tour. ✦

✦ Trombes d'eau sur les Pyrénées. Dans la descente du col de Mente, c'est le drame : chute, ambulance et hélicoptère pour Luis Ocana, alors leader.

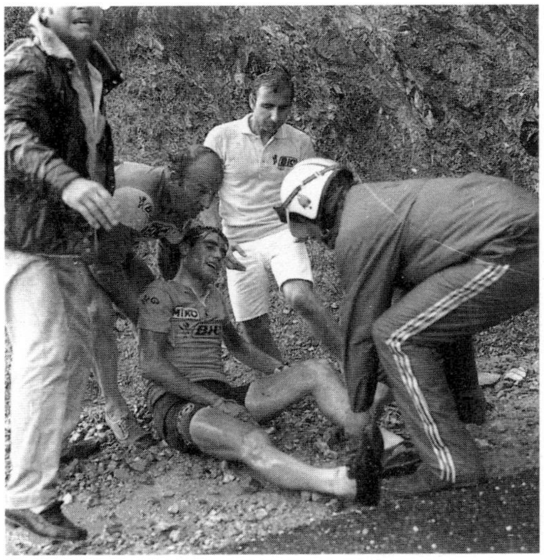

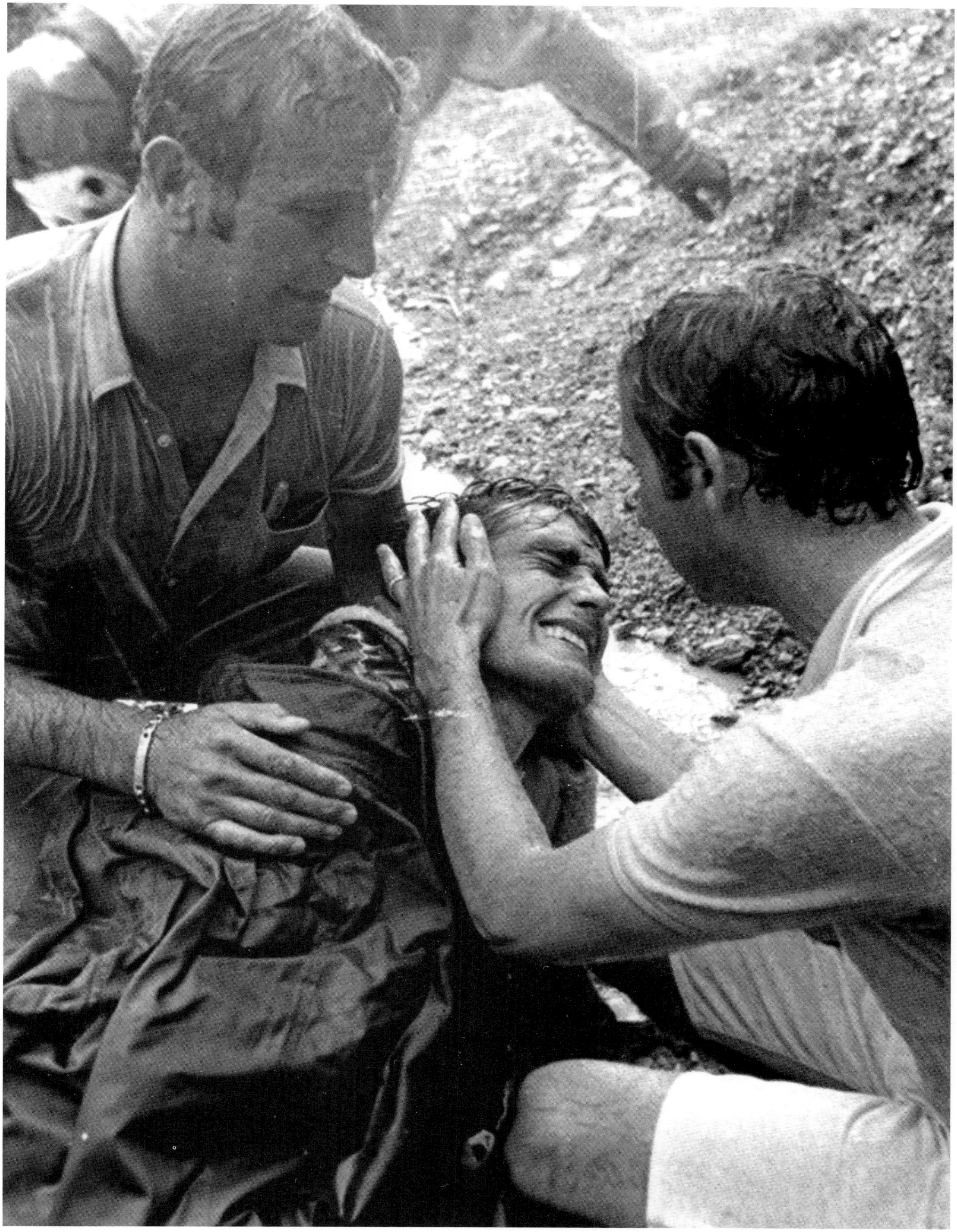

1972

Le « Cannibale » impitoyable

Après l'accident du col de Mente en 1971, le cyclisme tout entier attend le duel que ne vont pas manquer de se livrer Merckx et Ocana. Mais Cyrille Guimard ne négligera rien non plus pour compliquer la vie d'Eddy Merckx. Il gagne la première étape au sprint et s'empare du maillot jaune que portait le Belge après le prologue. Le Breton en sera dépossédé par Merckx lui-même à l'issue du « contre la montre » par équipes à Saint-Jean-de-Monts ; mais il le reprend à Royan, terme de la quatrième étape où Poulidor, Agostinho, Zoetemelk et Pingeon vont perdre trois minutes et se trouver ainsi pratiquement écartés de la lutte pour la victoire finale. A Pau, Guimard est toujours leader. Il a suivi Merckx dans les cols et terminé second derrière Hézard. En revanche, Ocana, lui, a perdu près de deux minutes. Il a crevé et, s'étant lancé à la poursuite de Merckx, il a dérapé et percuté le talus, Thévenet et Alain Santy passant par-dessus lui. Alors qu'Ocana et Thévenet repartent, Santy reste étendu sur l'herbe, le visage noyé de sang. A l'hôpital on décèlera une fracture d'une vertèbre cervicale. Le jeune Nordiste souffre aussi de la mâchoire et d'une plaie au front. Il ne redeviendra jamais complètement lui-même.

Derrière Ocana, Bernard Thévenet a effectué les trente derniers kilomètres dans un état second : « Je n'ai retenu que la vision d'Ocana gisant sous mon vélo, alors que j'étais projeté par-dessus lui ! Je n'ai aucun souvenir de ce qui s'est passé ensuite. je me rappelle toutefois qu'à un certain moment je me suis aperçu que je pédalais sur un vélo qui n'était pas le mien. Cette révélation m'a frappé, alors que je roulais dans l'inconscience totale des lieux où je me trouvais. » A Pau Ocana prend froid. Il fléchit dans les Alpes, cédant complètement dans l'Izoard et encore au Galibier. Secoué par la toux, fiévreux et la poitrine brûlante, l'Espagnol de Mont-de-Marsan perd huit minutes et le soir même, découragé, il décide de ne pas repartir.

Merckx, vainqueur à Luchon, puis à Briançon, s'impose encore à Valloire : il a déjà virtuellement gagné le Tour. Au mont Ventoux, il ne s'était pas opposé aux ambitions de Thévenet qui allait s'offrir une belle revanche sur le sort. Guimard, porteur du maillot vert, commençait à se plaindre de tendinite, provoquée par des manivelles trop longues. Il parvient cependant à surmonter sa douleur pour s'offrir une victoire de prestige au sommet du Revard aux dépens de Merckx. Celui-ci avait levé le bras en signe de victoire mais il était battu d'un petit centimètre. Ses douleurs aux genoux empirant, Cyrille Guimard dut quitter la course l'avant-dernier jour. Et Eddy Merckx l'emporta finalement devant Gimondi et Poulidor. ✦

✦ Ci-dessus : Abandon pour Cyrille Guimard. Ci-contre : Eddy Merckx allait encore marquer le Tour de son empreinte, malgré les anciens Gimondi et Poulidor.

1er EDDY MERCKX
2e FELICE GIMONDI
3e RAYMOND POULIDOR

Classement par points :
EDDY MERCKX
Meilleur grimpeur :
LUCIEN VAN IMPE

BIC
EMINO
VITTEL

BiC
OCANA

✦ 1973 ✦

Ocana sans partage

Luis Ocana est en grande forme et il va très vite le démontrer. Dès le troisième jour, il s'assure déjà un avantage sur Bernard Thévenet et Manuel Fuente, ses plus dangereux adversaires. Puis il revêt le maillot jaune la veille de la très montagneuse étape Méribel- Les Orres, hérissée de quatre cols : Madeleine, Télégraphe, Galibier, Izoard. Ce terrain voit s'affronter deux Espagnols également orgueilleux, Fuente et Ocana. Tous deux très sourcilleux au chapitre de l'amour-propre et décidés à ne rien céder que le rival n'eût conquis à la force du jarret. D'où un affrontement à l'arme blanche dès les pentes du Télégraphe, à 170 kilomètres de l'arrivée. Luis le Castillan va dominer la course et même ridiculiser ses adversaires, à quatre exceptions près : Fuente, qui l'accompagna jusqu'à 30 kilomètres du but ; Thévenet, qui céda non sans résistance vers le sommet du Galibier ; Mariano Martinez et Michel Perrin, coauteurs d'une tentative de sauvetage après l'Izoard. Tous les autres sombrèrent, usés par les attaques répétées de Fuente dans la montée du Télégraphe, écrasés par le coup de massue d'Ocana qui « empoigna le manche » dès les lacets de Plan-Lachat, à 135 kilomètres du but. Ce fut un massacre, une sorte d'anéantissement collectif. Luis Ocana était parti pour affirmer sa domination et nul ne put l'arrêter. C'est ainsi que Joop Zoetemelk, premier d'un peloton atomisé, perdit plus de vingt minutes ! Thévenet fut également livré à lui-même avec dans sa roue Mariano Martinez incapable de relayer. A l'arrivée, sept minutes de retard pour le Bourguignon. Quatre jours après son récital, Ocana réalisait une performance de haut standing dans les Pyrénées.

Pendant ce temps Raymond Poulidor se retrouvait sur un lit d'hôpital, une cabriole dans la descente du Portet-d'Aspet l'ayant laissé étourdi et ensanglanté deux mètres en contrebas. « Allons, Raymond, il vaut mieux arrêter », lui conseilla Caput. A 37 ans Poulidor abandonnait dans le cours de son onzième Tour de France. Par la suite, Ocana s'impose encore au Puy de Dôme puis contre la montre à Versailles où Thévenet confirme sa place de second. Auteur d'une attaque foudroyante à deux kilomètres de l'arrivée jugée sur la piste de la « Cipale », au Bois de Vincennes, le champion de France en titre, Thévenet, gagne l'ultime étape d'un Tour que Ocana avait amplement dominé. ✦

✦ Ci-contre : Une belle revanche pour Luis Ocana, coureur à panache.

1er LUIS OCANA
2e BERNARD THÉVENET
3e MANUEL FUENTE

Classement par points :
HERMAN VAN SPRINGEL
Meilleur grimpeur :
PEDRO TORRES

gan

✦ 1974 ✦

Merckx rejoint Anquetil

Au matin de la dixième étape, beaucoup pensent que la course n'a plus rien à offrir. Le maillot vert du classement par points moule le torse de Patrick Sercu, trois fois vainqueur en ce début de Tour, et le maillot jaune appartient déjà à Eddy Merckx. Les deux champions belges, amis d'enfance et coéquipiers l'hiver dans les Six-Jours, ont noué à l'évidence un accord tacite. Malgré la présence sympathique de Poulidor en première ligne, le Tour perd de son intérêt. Une fois de plus le Belge est invulnérable, et c'est tant pis pour le spectacle. Or, le spectacle c'est encore le presque quadragénaire Limousin qui va le faire en direction d'Aix-les-Bains. Il attaque au col du Chat, lâche Merckx et il faut à celui-ci toute sa science de descendeur pour rejoindre avant l'arrivée – où il triomphera, d'ailleurs. Les Pyrénées voient Jean-Pierre Danguillaume l'emporter deux jours de suite, après que Poulidor eut encore soulevé l'enthousiasme et triomphé à Saint-Lary-Soulan. « Dans ce Tour, j'étais en forme, mais j'ai dû compter avec une terrible induration, expliquera Eddy. Je m'étais fait opérer avant le départ, mais la plaie n'avait pas eu le temps de se cicatriser totalement. C'est pour cela que j'ai été si peu à mon aise au col du Chat. J'essayais de trouver la position la moins inconfortable, à l'inverse de Poulidor qui était superbe. J'avoue qu'il m'a fait peur et c'est pour cela que je me suis lancé comme un fou à sa poursuite dans la descente. Il ne fallait surtout pas lui laisser croire que j'étais vulnérable. Dans le Tour, il faut parfois savoir bluffer en sorte de conserver toute son autorité sur l'adversaire. » ✦

✦ A près de 40 ans, Poulidor assure encore le spectacle. Il faudra un grand Merckx pour venir à bout du Limousin.

1er EDDY MERCKX
2e RAYMOND POULIDOR
3e VICENTE LOPEZ-CARRIL

Classement par points :
PATRICK SERCU
Meilleur grimpeur :
DOMINGO PERURENA

Poulidor plus jeune que jamais

Surprise sur la route d'Aix-les-Bains, dans l'ascension du col du Chat, un obstacle inédit du Tour : Poulidor vient d'attaquer. Deuxième surprise : Merckx est resté sur place. Le public n'en croit pas ses yeux, qui voit passer un Poulidor allègre et précédant d'une centaine de mètres le porteur du maillot jaune ! Le contraste des styles est révélateur du rapport de forces : le Limousin gravit la pente tantôt en danseuse, tantôt bien calé sur sa selle, et la casquette de guingois, sans faiblir. Le Belge arc-bouté sur sa bicyclette, le visage ruisselant, pèse lourdement sur les pédales et perd du terrain. Mais la descente sur le lac du Bourget lui permet de rattraper le terrain perdu et sa vitesse aux arrivées lui assure une seconde victoire consécutive à Aix-les-Bains. « Jamais je n'avais descendu aussi vite », devait-il déclarer.

A deux pas de là, radieux, Raymond Poulidor faisait le régal des journalistes, leur déclarant : « Après tout, j'ai l'avenir pour moi ! » Mais le Limousin, qui pouvait encore inquiéter Merckx, va s'effondrer le lendemain sur les pentes du Galibier et perdre cinq minutes. Il se montrera cependant deux fois encore supérieur au maillot jaune : dans la longue montée de Saint-Lary d'abord, où il s'octroie l'étape ; au Tourmalet ensuite. De sorte que les suiveurs partagèrent leur admiration entre Poulidor, monument de longévité et parangon de conscience professionnelle, et l'irréductible Merckx, modèle d'énergie dans la montagne, où il subissait désormais. Pour la troisième fois en douze participations, Poulidor terminait à la seconde place. ✦

✦ Ci-contre : Eddy Merckx ne laisse à personne le soin d'imposer le train, Agostinho à ses côtés.
Ci-dessous : Une grande performance pour « Poupou ».

BIC
BRIQUET
SONOL
MIKO

1975

Thévenet brise la hiérarchie

Merckx... Thévenet... Zoetemelk... Van Impe... Gimondi... Autant de vainqueurs possibles alors que le Tour fait relâche sur les bords de la Méditerranée. Le Puy de Dôme, où l'on a vu arriver Van Impe seul, a confirmé le verdict des Pyrénées : les quatre ou cinq grands y ont joué les premiers rôles. Un incident déplorable a marqué la montée du volcan d'Auvergne : un spectateur ayant frappé du poing au foie Eddy Merckx. Geste accidentel ou délibéré, nul ne le saura.

L'étape tracée entre Nice et Pra-Loup s'annonce des plus importantes. De fait, elle prendra fin sur un des plus extraordinaires retournements de situation que le Tour ait connus. Les témoins n'oublieront pas, en effet, les six démarrages de Thévenet dans l'interminable montée du col des Champs ; les répliques immédiates et superbes de Merckx ; la poursuite du Français après sa crevaison ; l'attaque foudroyante du Belge vers le sommet d'Allos ; et, surtout, surtout, sa plongée ahurissante vers le creux de Pra-Loup, coupant les virages au ras du parapet ou à fleur de rocher. On croit alors que Merckx est en train de construire sa sixième victoire. Mais le drame pour lui va se produire à quatre kilomètres du but, dans la montée chauffée à blanc de Pra-Loup. Son coup de pédale, déjà heurté par nature, devient syncopé ; il n'avance plus. Gimondi le rejoint bientôt et le distance aussitôt. Déjà, Thévenet rapplique. Il réalise tout le parti que lui offre la situation : le Belge « coince », et au plus mauvais moment. Les forces du Bourguignon s'en trouvent multipliées. Il sprinte éperdument, passe son rival sans un regard, pour se porter au niveau de Gimondi – qui se croyait déjà vainqueur – et se projeter vers la ligne dans un effort paroxystique. Il reprend deux minutes à Merckx et le devance d'une minute au classement général. « J'ai tout tenté et j'ai perdu, déclare le Brabançon. Je crois que je ne gagnerai pas ce Tour. C'est fini. »

Thévenet creuse encore les écarts dès le lendemain, se présentant seul à l'Izoard, après avoir « contré » Merckx dans la descente de Vars, et s'identifiant avec superbe et assurance à ses grands aînés. La cause était entendue. Et c'est sur les Champs-Élysées, où s'achève pour la première fois la Grande Boucle, que Thévenet sera accueilli en vainqueur. ✦

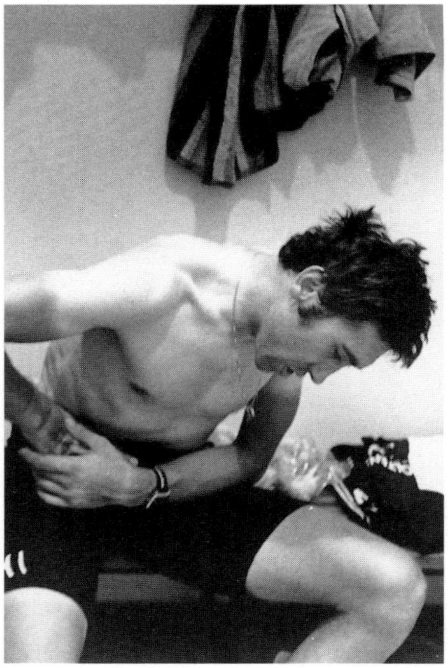

✦ Ci-dessus : Eddy Merckx souffre d'un coup au foie. Ci-contre : Le Bourguignon Bernard Thévenet va s'imposer, même à Eddy Merckx.

1er BERNARD THÉVENET
2e EDDY MERCKX
3e LUCIEN VAN IMPE

Classement par points :
RIK VAN LINDEN
Meilleur grimpeur :
LUCIEN VAN IMPE

BP
BP
CYCLES
gan
gan
51

1976

Van Impe catapulté par Guimard

Le petit Belge Lucien Van Impe est métamorphosé. Disposant d'une équipe toute dévouée à sa personne et bien « drivée » par Cyrille Guimard, il ne se satisfait plus d'être le meilleur grimpeur. A l'Alpe-d'Huez, il revêt le maillot jaune, ayant terminé second de l'étape derrière le Néerlandais de France Joop Zoetemelk, lequel récidive le lendemain. Celui-ci est le plus coriace adversaire de l'escaladeur belge. Au terme de la première étape des Pyrénées, le Français Delisle prend la tunique du leader. Plus d'alternative pour Van Impe : il lui faut reprendre du temps. Alors, dès le lendemain, il attaque dans les grands cols. Il rejoint Luis Ocana, lequel avait déjà pris les devants. La présence de l'Espagnol sera déterminante. Elle condamne Zoetemelk, isolé à l'arrière et qui ne pourra rejoindre son rival. A l'arrivée, celui-ci récupère le maillot jaune.

Le Tour est joué, excepté pour Raymond Poulidor et Raymond Delisle qui convoitent la place de troisième. Un duel acharné dont le Limousin sortira vainqueur. Un départ en fanfare pour le populaire « Poupou » qui boucle là son quatorzième Tour de France et vient de monter pour la septième fois sur le podium. On en oublierait presque les succès du Belge Freddy Maertens, sept fois vainqueur d'étape, en plus du prologue, et qui termine le maillot vert sur les épaules, après avoir porté le jaune quelques jours durant.

✦ Ci-contre : Lucien Van Impe ne se contente plus du titre de meilleur grimpeur : ce sera la première place sur le podium.
Ci-dessous : Raymond Delisle, le « Pyrénéen ».

Delisle en jaune à Pyrénées 2000

Dans l'étape Port Barcarès-Pyrénées 2000, Raymond Delisle porte une attaque qui laisse le peloton quasiment indifférent. Alors, le Normand persévère. Sept ans plus tôt, sur ces mêmes terres, il avait fait honneur à son maillot de champion de France et triomphé le jour du 14 juillet à Luchon. Cette fois, il laisse le second à cinq minutes et, fou de joie, revêt le maillot jaune. Certes, il perdra très vite sa tunique, mais il aura été le seul Français à l'avoir portée dans ce Tour. A 33 ans, et pour sa douzième participation, c'est là une bien belle récompense. Il terminera quatrième à Paris, à neuf secondes de Poulidor. ✦

1er LUCIEN VAN IMPE
2e JOOP ZOETEMELK
3e RAYMOND POULIDOR

Classement par points :
FREDDY MAERTENS
Meilleur grimpeur :
GIANCARLO BELLINI

gitane
gitane
SUPER SER
TOUR DE FRANCE
1976
899 AMM 75
TOTAL

✦ 1977 ✦

La plénitude de Thévenet

Dans la montée d'Avoriaz, où Zoetemelk réalise une haute performance athlétique, Bernard Thévenet ravit le maillot jaune à l'Allemand Dietrich Thurau. Deux jours plus tard, dans l'étape de l'Alpe-d'Huez, Lucien Van Impe, alors troisième au classement général, se détache au col du Glandon, mais il est victime d'un accident. Roue arrière endommagée. C'est donc un coureur en pleine détresse, dans l'attente d'une roue de rechange, que Hennie Kuiper dépasse. Le Néerlandais vient de lâcher Thévenet, lequel puise dans son tréfonds pour sauver son maillot jaune. Zoetemelk a craqué ; Thurau est tombé en déconfiture. Trente coureurs arriveront hors des délais et seront éliminés. La fin de course est pathétique pour Van Impe qui doit laisser partir Thévenet, lequel parvient, par un effort de volonté admirable, à conserver la tunique d'or.

Après dix-neuf jours de course, Thévenet et Kuiper sont séparés par huit secondes. L'épreuve contre la montre, cinquante kilomètres autour de Dijon, s'annonce déterminante. Parti plus lentement, Thévenet parvient à stabiliser son retard, puis les événements basculent en sa faveur. Très en ligne sur sa machine, le profil aérodynamique, il va accentuer son avance et finalement devancer Kuiper de vingt-huit secondes, avantage décisif qu'il portera à quarante-huit secondes aux Champs-Élysées. Ainsi, Bernard Thévenet l'emportait pour la seconde fois. Il avait encore démontré son magnifique caractère. Sa victoire réjouissait ceux qui l'avaient vu se battre avec ses « tripes » dans la montée de l'Alpe-d'Huez où il avait donné à son succès un riche contenu humain. ✦

✦ Ci-contre : Bernard Thévenet impose son rythme à Zoetemelk et à Kuiper, son plus coriace adversaire.
Ci-dessous : Deuxième Tour pour Thévenet.
Page suivante : Dietrich Thurau, particulièrement brillant dans ce Tour dont il fut leader deux semaines durant. En bas, Bernard Thévenet dans son effort en solitaire.

1er BERNARD THÉVENET
2e HENNIE KUIPER
3e LUCIEN VAN IMPE

Classement par points :
JACQUES ESCLASSAN
Meilleur grimpeur :
LUCIEN VAN IMPE

Dietrich Thurau en jaune

Attaquant de choc, styliste de la lignée des Coppi, Koblet, Anquetil, l'Allemand Dietrich Thurau portera le maillot jaune jusqu'à Avoriaz. Vainqueur du prologue, il s'impose à Pau au sprint devant une quinzaine de coureurs et ajoute encore à son capital lors de la course contre la montre à Bordeaux. Au terme des trente kilomètres en solitaire, éblouissant, il devance Merckx de cinquante secondes, Knetemann et Thévenet de plus d'une minute. L'Allemand connaîtra le suprême bonheur d'entrer à Fribourg-en-Brisgau paré de jaune. Et, au pied des Alpes, après deux semaines de course, il porte toujours le maillot jaune, sans jamais avoir été menacé. Dans les Alpes il va payer cher la note de son inexpérience et de son incapacité originelle à bien passer le cap des 1 500 mètres d'altitude. Il y perdra le maillot jaune pour onze secondes à Avoriaz, mais le lendemain il se reprend et triomphe au sprint à Chamonix avant de s'octroyer la première demi-étape contre la montre sur les Champs-Élysées. Dietrich Thurau avait marqué ce Tour 77 de sa bien belle empreinte.✦

VELDA

✦ 1978 ✦

Hinault entre en scène

Le nouveau champion de France Bernard Hinault (24 ans) part pour gagner. En cela, il veut imiter les Coppi, Koblet, Anquetil et Merckx, tous vainqueurs à leur première tentative. Le Breton laisse les routiers-sprinters en découdre lors des premières étapes, puis il s'impose sans discussion contre la montre. Il n'ést pas au mieux dans le Puy de Dôme où Zoetemelk l'emporte, mais, à Saint-Étienne, il « ajuste » les rapides Kelly et Maertens. Les Alpes n'apportent pas de grand changement et Zoetemelk en jaune refuse toute initiative : il attend visiblement le verdict du contre la montre, entre Metz et Nancy (72 kilomètres). Celui-ci sera sans appel : Hinault, dominateur et surpuissant, distancera le Néerlandais de plus de quatre minutes. Ses dix derniers kilomètres furent splendides. Assuré de recevoir le maillot jaune, il avait néanmoins tenu à réaliser un exploit d'envergure. La foule des Champs-Élysées ne s'y trompera pas qui réserva au jeune Breton une immense ovation.

Dans ce Tour on avait vu les concurrents déclencher une grève entre Tarbes et Valence-d'Agen, en manière de protestation contre les trop nombreux transferts, générateurs de départs matinaux, lesquels réduisaient considérablement leur temps de sommeil.

✦ Ci-dessus : Bernard Hinault sur les Champs-Élysées.
Ci-contre : Bernard Hinault, très à l'aise, grimpe en compagnie de Zoetemelk et de Pollentier (à droite).

1er BERNARD HINAULT
2e JOOP ZOETEMELK
3e JOAQUIM AGOSTINHO

Classement par points :
FREDDY MAERTENS
Meilleur grimpeur :
MARIANO MARTINEZ

Pollentier exclu du Tour

Porteur du maillot à pois du meilleur grimpeur, Michel Pollentier attaque sur les pentes de Chamrousse et parvient à s'assurer plus de trois minutes d'avance ! Sa marge est encore de deux minutes au bas de l'Alpe-d'Huez, mais ses rivaux engagent la poursuite. L'avance du Belge tombe sous la minute. Il résiste cependant et l'emporte détaché devant Kuiper, Hinault et Zoetemelk. Il revêt alors le maillot jaune puis rejoint sa chambre d'hôtel pour s'y changer avant de se soumettre au contrôle médical. Un événement imprévisible se produit alors, car Pollentier se présente dans la caravane du contrôle avec l'attirail du fraudeur, en l'occurrence une poire en caoutchouc dissimulée sous son aisselle. Dans la certitude de risquer un contrôle positif, il tente une tricherie, laquelle est découverte par un inspecteur médical. Le procès-verbal de fraude est aussitôt rédigé. Conformément à la réglementation, Pollentier est immédiatement mis hors course. ✦

✦ 1979 ✦

Hinault sept fois premier

Le Tour démarre au pied des Pyrénées et Bernard Hinault ne laisse pas traîner les choses. Il gagne l'épreuve contre la montre, à Super-Bagnères, devant Agostinho, 37 ans révolus, et prend le meilleur au sprint à Pau. Malchanceux, il est sévèrement attaqué sur les pavés du Nord et Zoetemelk lui ravit le maillot jaune. Le Breton prend l'avantage sur le Hollandais dans l'épreuve en solitaire de Bruxelles, succès qu'il confirmera dans le contre la montre Évian-Avoriaz au terme duquel il reprendra la tunique d'or.

✦ Ci-contre : Champion à panache, Bernard Hinault ne laissera à personne la satisfaction de gagner sur les Champs-Élysées. Ci-dessous : Hinault avec le Belge Van Impe.

Le lendemain, Zoetemelk cède encore du terrain, mais il se reprend à l'Alpe-d'Huez où il distance le champion français. A Dijon, celui-ci confirme sa suprématie dans l'épreuve « de vérité » et consolide son maillot jaune, tandis que le Portugais Agostinho arrache à Hennie Kuiper la troisième place au classement général. On allait retrouver Hinault et Zoetemelk associés dans une magistrale échappée finale, les deux hommes se présentant ensemble aux Champs-Élysées, où le Breton s'assura une septième victoire d'étape. ✦

1er BERNARD HINAULT
2e JOOP ZOETEMELK
3e JOAQUIM AGOSTINHO

Classement par points :
BERNARD HINAULT
Meilleur grimpeur :
GIOVANNI BATTAGLIN

✦ 1979 ✦

Vélo « Profil » : la « petite reine » évolue

Les montures des géants de la route ont bien évolué depuis les temps héroïques. D'innovations en perfectionnements, elles se sont allégées, leurs lignes se sont modifiées. Bientôt ce sera les jantes lenticulaires et paraculaires, les roues à bâtons, les guidons Scott ou similaires, les cadres plongeants, autant d'engins bizarres que chevaucheront des « coursiers » aux casques profilés.

Pour l'heure, c'est le vélo « Profil » qu'utilisent les coureurs de Renault-Gitane dans l'étape contre la montre par équipes Captieux-Bordeaux (86,6 kilomètres). Étudié en soufflerie, ce vélo est composé d'un cadre à haubans profilés, doté de pédales spéciales avec roulements incorporés, de manivelles et de plateaux profilés. La forme spéciale du tube selle-pédalier permettait le passage de la roue, géométrie qui avait pour effet de raccourcir l'arrière du vélo. « Son bilan aérodynamique relativement à la production traditionnelle permet une réduction de cinquante pour cent de la résistance », précisait Cyrille Guimard, directeur sportif des Gitane. Pour leur part les techniciens notaient que la prise d'air sur les jantes munies d'un dôme de renfort créait un handicap par vent de côté. Un handicap que l'on retrouvera accentué avec les roues lenticulaires, quelques années plus tard. ✦

✦ Ci-contre : Il y a loin des lourdes machines de l'époque héroïque aux engins sophistiqués d'aujourd'hui.

✦ **1980** ✦

Zoetemelk à la régularité

Bernard Hinault s'impose dans un premier temps comme le régent d'un Tour qui est celui des imperméables, des parapluies et des routes inondées ! Vainqueur du prologue, il affirme son hégémonie en gagnant l'étape contre la montre de Spa-Francorchamps, puis il rallie Lille par les routes de l'Enfer du Nord en compagnie du seul Hennie Kuiper. Mais, aux intempéries qui n'en finissent plus s'ajoutent les fatigues occasionnées par la succession des épreuves « de vérité ». Bernard Hinault se plaint du genou droit. « C'est trop dur, déclare-t-il. Nous ne roulons plus sur des routes mais dans des fondrières ! Et sous la pluie avec ça ! » Son genou monopolise l'attention, mais cinquante autres coureurs souffrent d'un début de tendinite.

✦ Ci-contre : Dix Tours de France et enfin la victoire pour le sympathique Joop Zoetemelk.

1er JOOP ZOETEMELK
2e HENNIE KUIPER
3e RAYMOND MARTIN

Classement par points :
RUDY PEVENAGE
Meilleur grimpeur :
RAYMOND MARTIN

Les conditions climatiques restent exécrables et les routes pavées ont achevé l'œuvre de détérioration. Cinquième de l'étape contre la montre à Laplume (premier Zoetemelk), Hinault hérite du maillot jaune, mais l'affaire prend néanmoins très mauvaise tournure. Le surlendemain le Breton quitte le Tour, maillot jaune dans sa valise.

Une tunique qui échoit à Zoetemelk, lequel, victime d'une chute dans les Alpes, sut faire front, bien secondé par son équipe Ti-Raleigh. Il confirmera sa supériorité lors du contre la montre à Saint-Étienne, démontrant ainsi qu'il ne déparait pas le palmarès. Sa victoire à Paris était dès lors assurée. Pour sa dixième participation, à l'âge de 33 ans. ✦

RALEIGH
Creda

✦ 1980 ✦

Hinault quitte le Tour

Les pendules marquaient 22 heures 30 ce soir-là à Pau et les directeurs du Tour, MM. Jacques Goddet et Félix Lévitan finissaient leur dîner quand un employé de l'hôtel « Continental » les invita discrètement à gagner l'office où Hinault et Guimard les attendaient... Ces deux derniers offraient des visages graves, le coureur étant au bord des larmes. Le directeur sportif expliqua que « Bernard était au bout du rouleau », atteint d'un mal qui risquait de devenir chronique si des soins ne lui étaient pas administrés d'urgence. Or, ces soins nécessitaient un temps de repos complet. Las de recevoir des piqûres pour un résultat dérisoire, Hinault avait choisi de tourner le dos à ce Tour si bien commencé. Il avait également pris le parti de dissimuler son chagrin, ne désirant pas offrir le spectacle de sa détresse aux photographes. Cette attitude ne fit pas l'unanimité, parmi les journalistes notamment. L'abandon du Breton rendait la course à ses incertitudes. Un Tour finissait, un autre commençait. Et la pluie tombait toujours à seaux sur le Béarn. ✦

✦ Ci-contre : Même chez les plus grands la mécanique se dérègle parfois. Ci-dessous : Hinault dans le prologue.

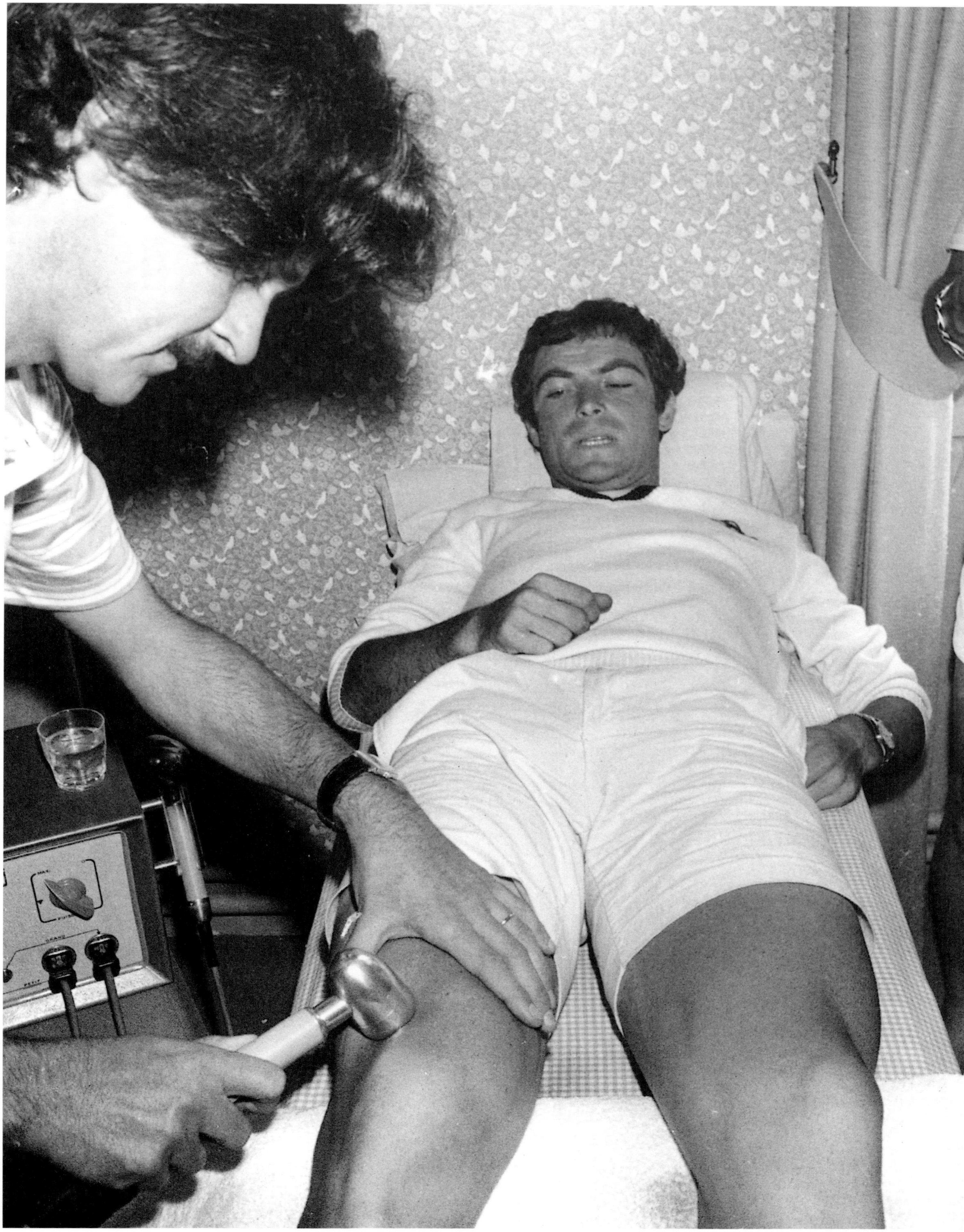

✦ 1981 ✦

Et de trois pour Hinault !

Bernard Hinault se présente au départ ceint du maillot arc-en-ciel. Il est fermement décidé à effacer son échec de l'année précédente. Il enlève le prologue, mais cède aussitôt le maillot jaune au Néerlandais Gerrie Knetemann, lequel en sera dépossédé par Phil Anderson, premier Australien de l'histoire à revêtir la tunique d'or. Celui-ci ne pourra rien contre Hinault dans l'étape contre la montre Nay-Pau. Au terme de la première semaine de course le Breton a pratiquement assuré sa victoire. Il creuse encore l'écart dans l'étape en solitaire de Mulhouse et c'est très serein qu'il aborde les Alpes où l'on voit Robert Alban s'affirmer du côté de Morzine – il sera finalement troisième à Paris. Bernard Hinault, qui a donné l'impression de piocher dans l'ascension vers l'Alpe-d'Huez, termine détaché le lendemain et s'octroie le contre la montre du surlendemain. Freddy Maertens, quant à lui, ramène à Paris le maillot vert du classement par points, après qu'il eut gagné cinq étapes, l'Irlandais Sean Kelly et le Hollandais Aad Wijnands ayant chacun réussi un doublé.

La victoire de Bernard Hinault ne souffre aucune contestation : quatre épreuves contre la montre, quatre victoires ; une présence décisive dans la montagne et, à l'arrivée aux Champs-Élysées, un quart d'heure d'avance sur son suivant immédiat, le Belge Lucien Van Impe, meilleur grimpeur. « Ce qui aura le plus manqué à ce Tour, c'est une volonté d'agressivité générale », regrettait Jacques Goddet dans son éditorial au lendemain du Tour. ✦

✦ Ci-contre : Une victoire incontestée pour le champion du monde.

1er BERNARD HINAULT
2e LUCIEN VAN IMPE
3e ROBERT ALBAN

Classement par points :
FREDDY MAERTENS
Meilleur grimpeur :
LUCIEN VAN IMPE

1981

Le « come-back » de Maertens

Le Belge Freddy Maertens apparaît très vite comme le plus grand sujet de curiosité de ce Tour. Après une éclipse que l'on croyait définitive, il est l'auteur d'un extraordinaire « come-back ». Dans les années 70, il accumulait les victoires d'étapes partout où il se présentait, il gagnait le Grand Prix des Nations, le championnat du monde, ramenait le maillot vert du Tour de France. Et puis, ce fut une chute dramatique au Tour d'Italie, en 1977. Sa fracture au poignet qui n'en finit pas de guérir. Des échecs en série. Maertens touche le fond en 1980. Nul ne croit plus en lui, mais il ne se décourage pas et s'inflige un régime draconien durant l'hiver. Et c'est la résurrection dans le cadre du Tour. Il remporte la première étape et récidive quatre fois, et conquiert définitivement le maillot vert ! Quelques semaines plus tard, il deviendra champion du monde pour la seconde fois, puis il sombrera de nouveau, à titre définitif, cette fois.

Dès la fin du Tour, l'enthousiasme que sa résurrection avait fait naître fut tempéré par certains propos venant de ses compagnons de route : « Freddy se comporte d'une façon étrange. Il parle seul... il roule parfois en zigzag... tombe trop souvent... fait des grimaces et il a des tics. »

Une énigme, en vérité. ✦

✦ Ci-contre : Une énigme, Freddy Maertens, mais un bien bel animateur.

parisien
OCEANIC
sunair
sport 80

elf

✦ 1982 ✦

Hinault dans la sérénité

En 1982 le Tour s'élance de Bâle. Récent vainqueur au Giro, Bernard Hinault ne cache pas ses ambitions : il rêve de réaliser le doublé, comme seuls l'ont fait avant lui ces autres grands seigneurs qui ont noms Coppi, Merckx et Anquetil. De fait, le Breton va écraser ce Tour, lequel ne sera pas des plus exaltants. Une fois encore, le Breton domine de très haut ses principaux adversaires lors des étapes contre la montre. L'Australien Phil Anderson revêt le maillot jaune le deuxième jour et toute son équipe ne songe qu'à prolonger son règne, Jean-René Bernaudeau, le chef de file, ne pouvant quant à lui s'opposer à Bernard Hinault. Le Suisse Beat Breu – vainqueur dans les Pyrénées et à l'Alpe-d'Huez – ; le Hollandais Peter Winnen, qui gagne à Morzine ; Pascal Simon, qui l'emporte à Orcières-Merlette, s'illustrent certes, mais sans pouvoir inquiéter un seul instant le leader des Renault-Gitane.

✦ Ci-contre : Quatrième podium à Paris pour Hinault, sans rival.
Ci-dessous : Bernard Vallet, meilleur grimpeur.

Parmi ses adversaires, Sean Kelly songe exclusivement au maillot vert du classement par points ; Bernard Vallet se consacre au maillot blanc à pois rouges des grimpeurs ; Joop Zoetemelk fait de la seconde place à Paris son but suprême ; Gerrie Knetemann et ses coéquipiers, rouleurs par excellence, ne songent qu'au contre la montre et aux victoires d'étapes. Ainsi, tous ces gens sont-ils devenus les alliés objectifs de Bernard Hinault qui remporte son quatrième Tour de France délivré, la conjoncture l'ayant soustrait aux soucis qui assaillent généralement les candidats à la victoire. ✦

1er BERNARD HINAULT
2e JOOP ZOETEMELK
3e JOHAN VAN DE VELDE

Classement par points :
SEAN KELLY
Meilleur grimpeur :
BERNARD VALLET

✦ 1983 ✦

Fignon ouvre le feu

« Le Tour de l'incertitude », annonçaient les journaux. Hinault souffrant du genou, les candidats à sa succession sont nombreux. La course n'en est que plus animée. Les Colombiens, présents pour la première fois, se manifestent dès les premières rampes pyrénéennes : Jimenez, animateur de l'étape, passe en tête au Tourmalet, l'Écossais Millar s'imposant à Bagnères-de-Luchon où Pascal Simon revêt le maillot jaune. Ce dernier tombe et se fracture la clavicule. Il abandonnera sur la route des Alpes, après avoir très courageusement traîné sa douleur plusieurs étapes durant.

✦ Ci-contre : Une victoire qui en appellera une autre.

1er LAURENT FIGNON
2e ANGEL ARROYO
3e PETER WINNEN

Classement par points :
SEAN KELLY
Meilleur grimpeur :
LUCIEN VAN IMPE

Laurent Fignon hérite alors le maillot jaune. Son mérite sera de maîtriser ensuite les grimpeurs dans les Alpes où Winnen et Arroyo prennent l'initiative, pour les dominer enfin lors de l'épreuve contre la montre à Dijon. Où ses adversaires avaient réalisé des performances en dents de scie, Fignon avait affirmé une parfaite régularité, révélant une lucidité et une opiniâtreté susceptibles de le conduire à d'autres grands succès. Sa victoire marquait, aussi, le déclin de l'ancienne génération. Positive également avait été la venue des Colombiens dans la Grande Boucle. On s'acheminait vers la mondialisation de l'épreuve. ✦

TOUR DE FRANCE

✦ 1983 ✦

Pascal Simon meurtri

Dans les Pyrénées en état de surchauffe, Pascal Simon, récent vainqueur du « Dauphiné libéré », produit une très forte impression, et ses coéquipiers Anderson et Roche ne discutent plus sa suprématie au sein de l'équipe Peugeot. Vêtu du maillot jaune, avec quatre minutes et demie d'avance sur Fignon, il semble bien parti pour assurer la succession de Bernard Hinault, encore que rien de décisif n'ait été réalisé. Las, il tombe et se fracture l'omoplate durant la onzième étape, entre Luchon et Fleurance-sur-Gers. Il continue néanmoins courageusement, mais il sera contraint à l'abandon cinq jours plus tard entre La Tour-du-Pin et l'Alpe-d'Huez, ayant souffert énormément pour conserver le paletot sur les routes d'Auvergne, et plus précisément au Puy de Dôme où il perdit plus de cinq minutes sur Arroyo, vainqueur devant Delgado et Jimenez. Au classement général son avance sur Laurent Fignon était tombée à cinquante-deux secondes. Son abandon au sommet de la côte de la Chapelle Blanche, dans la dix-septième étape, était devenu inéluctable. Pascal Simon, le maillot jaune du Tour, rendait son dossard, mais non sans panache. ✦

✦ Ci-contre : Pascal Simon se rendra les armes à la main.

TOUR DE FRANCE 83
214 PRESSE
Sprint
MOTO-PRESSE
TOUR DE FRANCE 83
225 PRESSE

POULAIN
CHOCOLAT
MERLIN
PLAGE
CREDIT
DIRECTEUR
DE LA COURSE
103 EJF

✦ 1984 ✦

Fignon dans l'euphorie

Laurent Fignon, frais champion de France, est le favori logique du Tour, mais Bernard Hinault est à nouveau présent après un an d'absence, celle-ci consécutive à une opération au genou droit. Au pied des Alpes, où Vincent Barteau porte le maillot jaune depuis la cinquième étape, rien de décisif ne s'est produit. Dans l'épreuve contre la montre Alençon-Le Mans (67 kilomètres), Fignon l'emporte devant Kelly et Hinault, ce dernier repoussé à quarante-neuf secondes. Puis, l'Écossais Robert Millar gagne dans les Pyrénées, où Fignon distance Hinault à trois kilomètres de l'arrivée à Guzet-Neige.

Tout va se jouer entre Grenoble et l'Alpe-d'Huez. Dans la côte de Laffrey, Hinault tente à cinq reprises de semer Fignon mais, à l'inverse, c'est le banlieusard parisien qui distance le Breton avant le sommet, accompagné du Colombien Luis Herrera, lui imposant une sévère poursuite dans la vallée. Hinault parvient à rejoindre, puis il démarre illico, pour se présenter au bas de l'Alpe avec vingt petites secondes d'avance sur Fignon, Herrera, Arroyo, Breu et Millar regroupés. Au sommet, où Herrera se présente le premier, Hinault aura encore perdu près de trois minutes. Au cours des derniers kilomètres, il a dû laisser partir et Arroyo, et Millar, et Acevedo, et Lemond. Il a virtuellement perdu le Tour mais refuse néanmoins de s'avouer vaincu, entretenant une sorte de suspense et s'assurant ainsi la sympathie du public.

A partir de là, la course de Laurent Fignon tourne à la démonstration. En état d'euphorie, il bat Arroyo à Crans-Montana et récidive lors de l'ultime épreuve contre la montre en Beaujolais (51 kilomètres) où il l'emporte d'un souffle sur Kelly, et avec trente-six secondes d'avance sur Bernard Hinault. Lequel termine au second rang à Paris, mais à plus de dix minutes du maillot jaune. ✦

✦ Ci-contre : Revêtu de son maillot de champion de France, Laurent Fignon l'emporte une seconde fois.
Ci-dessous : Luis Herrera, vainqueur à l'Alpe-d'Huez.

1er LAURENT FIGNON
2e BERNARD HINAULT
3e GREG LEMOND

Classement par points :
FRANK HOSTE
Meilleur grimpeur :
ROBERT MILLAR

1985

La dernière morsure du « Blaireau »

Ce Tour de France 1985, Bernard Hinault, âgé de 31 ans, en a fait son principal objectif dès l'inter-saison. L'équipe La Vie claire a enrôlé Niki Ruttimann, Kim Andersen, Steve Bauer et Greg Lemond, celui-ci arraché à l'équipe Renault. A l'instigation de Bernard Tapie, Hinault et Lemond ont scellé un accord, au terme duquel les deux hommes devaient collaborer loyalement. Le mieux placé des deux au terme des premières étapes stratégiques serait protégé. L'autre se limiterait à suivre les attaquants sans les relayer. Il pourrait toutefois jouer sa propre carte si l'attaquant faiblissait. Désireux de s'assurer la position privilégiée, Hinault frappe d'entrée de jeu lors du prologue à Plumelec, puis il récidive dans le contre la montre Sarrebourg-Strasbourg où il laisse Stephen Roche, Charly Mottet et Greg Lemond à deux minutes et demie !

Seules lui causaient de l'inquiétude les étapes de haute montagne, mais il conclut une sorte d'accord tacite avec les Colombiens Herrera, Parra et Acevedo, exclusivement occupés par les victoires d'étapes en altitude et le Grand Prix de la montagne. Il ne leur causerait aucune gêne. A charge pour eux d'agir de même.

Dès lors, l'opposition fut neutralisée, très affaiblie en tout cas. Ainsi Chozas, contraint d'engager une longue échappée solitaire sur les routes du Massif central pour gagner à Aurillac ; ainsi Delgado qui adopta la même formule dans les Pyrénées pour gagner à Luz Ardiden. A Luz Ardiden où Lemond connut un instant de révolte. Il gravissait la sévère montée de Luz perdue dans les brumes en compagnie de Roche et Chozas, le retard du Breton en jaune dépassant déjà la minute, et il lui sembla que ses deux compagnons fléchissaient. L'envie d'attaquer lui vint aussitôt. Il appela Kœchli, son directeur sportif : « Je peux y aller ? – Non ! » Par cette fin de non-recevoir, l'entraîneur lui interdisait pratiquement de gagner le Tour.

✦ Ci-contre : Le cinquième pour Bernard Hinault.

1er BERNARD HINAULT
2e GREG LEMOND
3e STEPHEN ROCHE

Classement par points :
SEAN KELLY
Meilleur grimpeur :
LUIS HERRERA

Après l'arrivée, ses propos furent très durs à l'endroit de Kœchli et d'Hinault, mais il en atténua la portée au terme d'un entretien avec Bernard Tapie, commanditaire de l'équipe. Au regard de l'homme d'affaires, Hinault avait bien mérité de gagner son cinquième Tour de France, et celui-ci ne s'engageait-il pas à favoriser la victoire de l'Américain en 1986 ?

Dans l'équipe de La Redoute, dirigée par Raphaël Geminiani, on espérait encore que Stephen Roche, en embuscade, parviendrait à faire sauter le verrou des « Tapistes ». De fait, l'Irlandais tenta sa chance sur les pentes du col de Soulor, l'arrivée étant jugée au sommet de l'Aubisque. Un moment Hinault fut rejeté à près d'une minute et demie, mais en dépit de sa réelle efficacité, Roche ne parvint pas à faire basculer la course. Le Tour prenait fin dans les formes annoncées : une victoire des La Vie claire, Hinault et Lemond occupant les deux premiers rangs. Pour leur part, les Colombiens avaient gagné deux étapes, Herrera remportant le Grand Prix de la montagne. ✦

✦ Ci-contre : A Paris, Lemond (à gauche) a oublié ses griefs envers Hinault, mais l'année suivante...

Coca-Cola
BANANIA
LOOK
1

✦ 1986 ✦

Un Américain à Paris

L'année précédente, Bernard Hinault s'était engagé à favoriser la victoire de Greg Lemond en 1986, précisant toutefois : « D'accord pour aider Greg, mais dans la mesure seulement où il saura se montrer digne du maillot jaune. » La partie ne s'annonçait pas des plus faciles pour l'Américain et il ne fallut pas longtemps pour découvrir la stratégie imaginée par Hinault. Celui-ci savait que son équipe dominerait le sujet, mais il savait aussi que miser sur les épreuves contre la montre et les étapes de montagne serait insuffisant pour lui permettre de gagner le Tour, une fois encore. Avec l'âge, ses capacités en haute montagne s'étaient réduites. Or, il rêvait bel et bien d'une sixième victoire. Il s'engagerait donc dans une course d'usure. A charge pour Lemond de rester vigilant et de ne pas se laisser entraîner dans un naufrage toujours possible dans ce type de situation. Quand le Breton attaquait, l'Américain était tenu à une attitude de réserve, laquelle n'était pas sans présenter des risques. Ainsi, dans les Pyrénées, entre Bayonne et Pau, puis entre le Tourmalet et Luchon. En revanche, Hinault prenant l'initiative, son « ami » Greg pouvait « faire de la patinette » derrière leurs équipiers communs, Hampsten, Bernard, Bauer et Ruttimann assurant une surveillance implacable auprès de l'adversaire. Mais Lemond s'en sortira bien. Il triomphe à Superbagnères, où il s'empare du maillot jaune, et confirme dans la grande étape de l'Alpe-d'Huez où il ne dispute pas « la gagne » à Hinault.

Très longtemps, Urs Zimmermann le trouble-fête avait fait figure de possible vainqueur mais, ce jour-là, Lemond et Hinault l'avaient pris en faute – et en sandwich – entre Briançon et l'Alpe-d'Huez, le distançant nettement, en dépit d'un exploit formidable dans le cours d'une interminable course poursuite. Le Tour allait s'achever par la victoire de Greg Lemond, premier Américain à gagner la Grande Boucle, une victoire confortée par la quatrième place d'Hampsten. L'Amérique s'ouvrait au cyclisme, une ère nouvelle commençait, tandis que s'achevait en apothéose la carrière de Bernard Hinault, un des « Grands » du cyclisme. ✦

✦ Ci-contre : Greg Lemond savoure sa victoire, et l'Amérique s'inscrit dans le Tour.
Page suivante : L'Alpe-d'Huez. Hinault et Lemond franchiront la ligne d'arrivée la main dans la main (en bas). Et Lemond inscrira son nom au palmarès.

1er GREG LEMOND
2e BERNARD HINAULT
3e URS ZIMMERMANN

Classement par points :
ÉRIC VANDERAERDEN
Meilleur grimpeur :
BERNARD HINAULT

L'entente presque cordiale

L'étape de haute montagne Briançon-Alpe-d'Huez constitua l'un des grands moments de la course. En cette circonstance, le tandem Hinault-Lemond afficha une domination sans partage, reléguant le Suisse Urs Zimmermann, leur principal adversaire, à plus de cinq minutes. Les deux compères terminèrent la main dans la main, Lemond n'ayant pas disputé la victoire au Français.

Longtemps l'attitude délibérément offensive de ce dernier, ses audaces répétées avaient décontenancé l'opposition, mais cette attitude délibérée avait également eu pour effet de jeter l'Américain dans la perplexité : où voulait exactement en venir Hinault ? D'où cette longue ambiguïté qui empoisonna l'atmosphère au sein de l'équipe La Vie claire. Fort heureusement pour lui, Lemond avait su se hisser au niveau de la situation et déjoua les pièges. Sourires donc, sur les cimes de l'Alpe-d'Huez.

Deux jours plus tard, dans le cadre de l'ultime épreuve contre la montre, à Saint-Étienne, Hinault l'emportait, Lemond terminant à vingt-cinq secondes, en dépit d'une chute et d'une crevaison. Sueurs froides... Dès lors, la victoire à Paris ne pouvait plus échapper au jeune Américain, Bernard Hinault disant adieu au Tour. ✦

CARRERA
PDM

✦ 1987 ✦

Roche champion de grand style

L'Irlandais Stephen Roche se pose en candidat à la victoire finale après son succès dans l'épreuve contre la montre à Saumur. Où Charly Mottet, autre prétendant, prend le maillot jaune avant que Jean-François Bernard ne se rapproche dans les Pyrénées. Ce dernier réalise un numéro de grand style au Ventoux (Mottet et Roche relégués à quatre et cinq minutes) et endosse le maillot de leader. Malchanceux, il le cédera à l'Irlandais dès le lendemain, après une longue et vaine poursuite où il perdra la bagatelle de quatre minutes malgré l'aide du Canadien Bauer. Chassé-croisé à l'Alpe-d'Huez, où Delgado revêt à son tour la tunique d'or. Le combat reste incertain. Roche attaque dans la Maurienne, « contré » par Jean-François Bernard, lequel s'effondrera ensuite, vaincu par le vent défavorable. Delgado s'assure encore une poignée de secondes à La Plagne, mais la question de suprématie finale sera débattue lors de l'ultime épreuve contre la montre à Dijon. Une formalité pour l'Irlandais, de loin le meilleur des deux dans ce genre d'exercice. A l'arrivée l'avance de Roche sur Delgado sera d'une minute, mais la victoire du jour revient à Jean-François Bernard, qui signe là un nouvel exploit. Généreux animateur de ce Tour, le Nivernais s'octroie la troisième place au classement général.

Premier Irlandais vainqueur de la Grande Boucle, Stephen Roche réalise le doublé Giro-Tour réussi jusqu'alors par quatre champions seulement : Fausto Coppi, Jacques Anquetil, Eddy Merckx et Bernard Hinault. ✦

✦ Ci-contre : Stephen Roche et Pedro Delgado, le vainqueur et son dauphin.

1er STEPHEN ROCHE
2e PEDRO DELGADO
3e JEAN-FRANÇOIS BERNARD

Classement par points :
JEAN-PAUL VAN POPPEL
Meilleur grimpeur :
LUIS HERRERA

✦ 1987 ✦

Jean-François Bernard roi du Ventoux

Jean-François Bernard, qui s'était déjà distingué l'année précédente par une victoire en solitaire à Gap, trouve l'ouverture dans les Pyrénées : second derrière Breukink à Pau, il se hisse à la seconde place du classement général derrière Charly Mottet. Pour sa seconde participation à la Grande Boucle, Bernard semble en mesure d'inquiéter les meilleurs. Impression confirmée par sa splendide victoire au terme de l'étape stratégique Carpentras-Mont Ventoux (36,5 kilomètres) contre la montre. Sur ce terrain révélateur et dans une chaleur africaine, il repousse tout simplement Herrera à plus d'une minute et demie et Roche à plus de cinq minutes !

Cet exploit d'envergure lui vaut de recevoir le maillot jaune. Mais, dès le lendemain sur les routes accidentées du Vercors, le Nivernais, malchanceux, perd le bénéfice de ses (trop ?) généreux efforts. Victime d'une crevaison, il lui faut chasser furieusement derrière Delgado et Roche durant près de cent kilomètres, pour céder finalement plus de quatre minutes à Villard-de-Lans où l'Irlandais s'empare du maillot jaune.

Dans la vallée de la Maurienne, Bernard va commettre l'erreur de s'engager dans une poursuite solitaire derrière Roche qui a relancé la bataille. L'Irlandais sera rejoint mais, à l'arrivée, le Nivernais aura perdu deux minutes. Il signe cependant un nouvel exploit dans l'ultime épreuve contre la montre à Dijon (38 kilomètres), où il l'emporte avec une minute et quarante-quatre secondes d'avance sur Roche. A Paris il s'inclinera finalement pour deux minutes treize secondes. De quoi lui laisser des regrets. ✦

✦ Ci-contre : Le Nivernais Jean-François Bernard démontra de réelles possibilités dans ce Tour. Nombreux étaient ceux qui voyaient en lui le successeur de Bernard Hinault.

LOOK
TOUR DE FRANCE
La Vie Claire

1988

Delgado dans la polémique

Coup de théâtre à Bordeaux sous la forme d'une information pour le moins inattendue : l'analyse anti-dopage effectuée sur Pedro Delgado après sa victoire à Villard-de-Lans avait livré un résultat positif ! Tandis que le maillot jaune protestait de sa bonne foi, l'atmosphère du Tour devenait irrespirable. Une contre-expertise confirmait le résultat initial. Seulement voilà, le médicament incriminé, inscrit sur la liste des produits interdits par le Comité International Olympique, ne figurait pas encore sur celle de l'Union Cycliste Internationale ! En droit, Delgado était inattaquable et le maillot jaune lui fut laissé.

Ce Tour s'était traduit par une sorte d'hécatombe, suivie d'un profond désenchantement. Fignon souffrait d'un genou, une sinusite le tracassait et il portait un ver solitaire. C'était trop pour un seul homme, il renoncerait à Morzine. Il ne vit donc pas Kelly et Bernard céder ensemble du terrain au col de la Madeleine où Zimmermann déclencha une offensive poussée. Trop poussée même puisqu'il s'effondra, dans la montée de l'Alpe-d'Huez. Et, tandis que les « duettistes » néerlandais Rooks et Theunisse se présentaient ensemble au pied de l'Alpe, Jean-François Bernard allait à la dérive, Luis Herrera, le grimpeur, ayant du mal à suivre Ronan Pensec, Éric Boyer et Denis Roux ! Mottet allait perdre six minutes en cinq kilomètres, il abandonnera dans les Pyrénées, où Jean-François Bernard s'éteignit également. A l'inverse, Steve Bauer se distingua et le Parisien Éric Boyer s'imposa de peu à Ronan Pensec pour la place de premier Français (cinquième).

Le principal bénéficiaire de ces effondrements fut Pedro Delgado, porteur du maillot jaune depuis la traversée des Alpes. En quatre circonstances majeures il avait disposé de ses adversaires principaux : à l'Alpe-d'Huez où il s'était classé immédiatement derrière Steven Rooks ; à Villard-de-Lans où il avait gagné contre la montre ; à Guzet-Neige et Luz-Ardiden où il avait encore semé ses derniers autant que rares opposants. La course allait finir dans une ambiance pourrie, les uns prenant la défense des « coupables », d'autres s'élevant avec force contre les « tricheurs ».

Ce Tour très montagneux n'avait pas accordé un très large champ d'action aux routiers-sprinters, mais le rapide Van Poppel n'en avait pas moins gagné quatre étapes, Eddy Plankaert remportant le classement par points sans avoir franchi une fois la ligne le premier, fait unique dans les annales. Pour la première fois depuis 1910, les Belges n'avaient gagné aucune étape, et le cyclisme français, pour sa part, n'avait aucune raison de pavoiser. Ce Tour 1988 avait pris fin sur une impression de chienlit et l'on se demandait si le vainqueur, Pedro Delgado, n'était pas lui-même une victime. ✦

✦ Ci-contre : Pedro Delgado. Un profond malaise en 1988.
Ci-dessous : Delgado en plein effort.

1er PEDRO DELGADO
2e STEVENS ROOKS
3e FABIO PARRA

Classement par points :
EDDY PLANCKAERT
Meilleur grimpeur :
STEVENS ROOKS

92 CONSEIL GENERAL DES HAUTS DE SEINE
tve

✦ 1989 ✦

Un final pathétique

Dimanche 23 juillet. Au matin de l'ultime affrontement, de Versailles à Paris, Greg Lemond sait qu'il n'a plus rien à perdre. En revanche, l'entourage de Laurent Fignon nourrit une vive inquiétude, le porteur du maillot jaune souffre d'une inflammation à l'entrejambe. Dès la première minute, il apparaît, en effet, que Lemond est supérieur. Très ramassé sur sa machine, la tête prise dans son casque profilé, les coudes bien calés et les mains soudées aux arceaux de son guidon, il utilise sa puissance maximale. A chaque coup de pédale, qui s'enchaîne au précédent dans une parfaite harmonie, il effectue un bond supérieur à neuf mètres. Son adversaire, qui n'a pas adopté le guidon « Scott » de Lemond, semble mal à l'aise. Son buste trop relevé, il enroule difficilement son grand braquet. Le duel devient pathétique. Puis, ce sera le verdict dans toute sa cruauté : Laurent Fignon perd le Tour pour huit petites secondes ! Un drame aux Champs-Élysées.

Deux images avaient marqué cet inoubliable combat. La première nous montre Lemond, parti deux minutes avant Fignon, guettant l'arrivée de celui-ci dressé sur la pointe des pieds et scrutant les Champs-Élysées en direction de l'Étoile. Quand son triomphe fut devenu évident, un cri sauvage jaillit de sa poitrine et il se mit à embrasser tous ceux qui l'entouraient. Autre scène : Laurent Fignon vient de franchir la ligne d'arrivée. Épuisé, vidé, vaincu, il se laisse choir sur le sol pour pleurer longtemps, et en silence, recroquevillé sur lui-même, étranger au vacarme. Il lui faudra un temps infini pour sortir de son cauchemar. Pour huit secondes il venait de perdre le Tour du bicentenaire. Quatre-vingts mètres sur l'ensemble de l'épreuve… ✦

✦ Ci-contre : Laurent Fignon épuisé, effondré. Le verdict du chronomètre est impitoyable : 8 secondes !

1er GREG LEMOND
2e LAURENT FIGNON
3e PEDRO DELGADO

Classement par points :
SEAN KELLY
Meilleur grimpeur :
GERT-JAN THEUNISSE

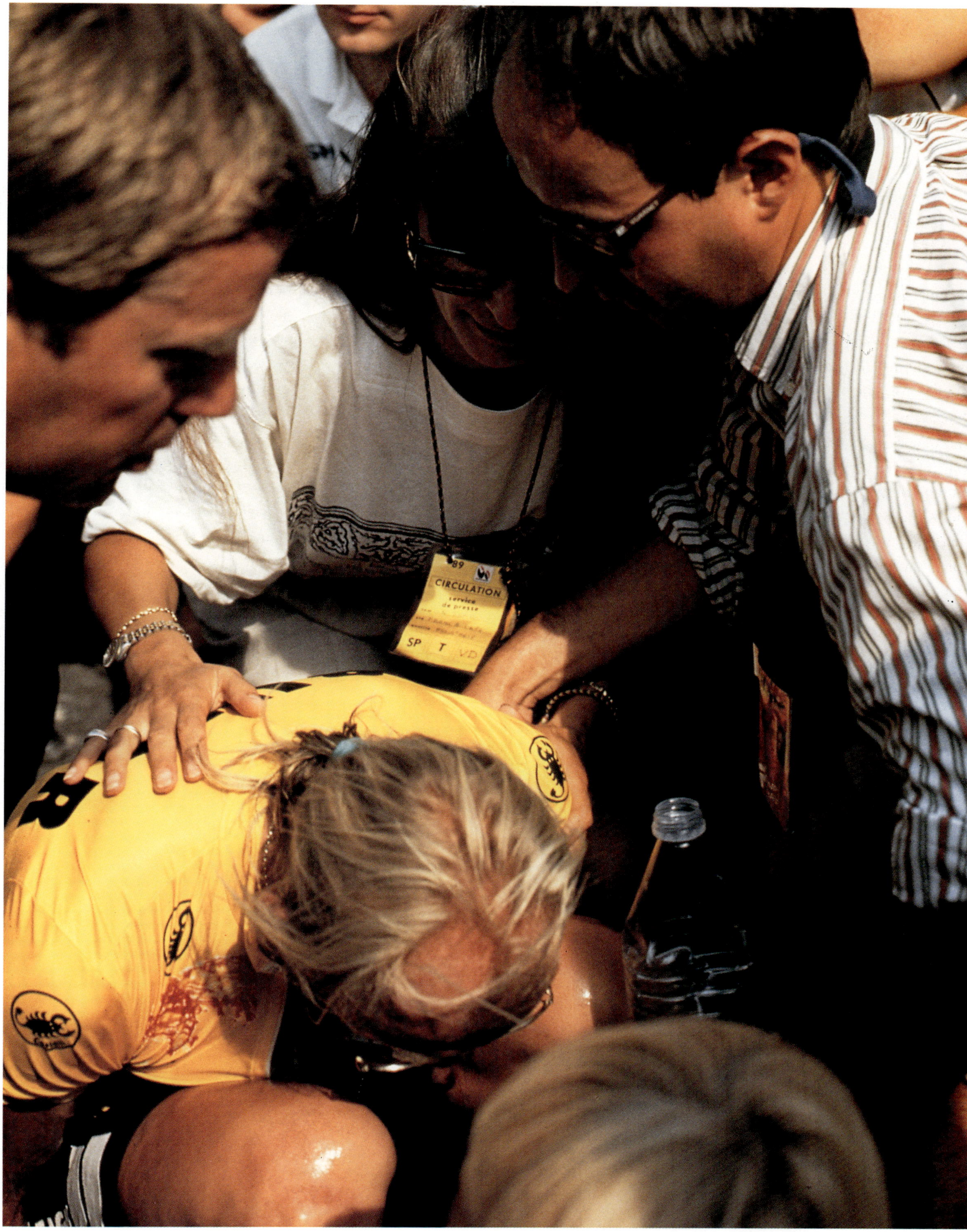
89
CIRCULATION
service
de presse
SP
T
VD

✦ 1989 ✦
Une course à rebondissements

Un chef-d'œuvre, ce Tour 1989 ! Du premier au dernier jour, il fut palpitant, imprévu, cascadeur. Coup de théâtre au départ de Luxembourg, coup de théâtre aux Champs-Élysées. Avec tout au long de l'épreuve de continuels rebondissements. Dès le prologue, la course fut plongée dans l'invraisemblable, Delgado s'étant présenté au départ deux minutes et quarante secondes après l'heure officielle et s'étant effondré ensuite dans l'épreuve contre la montre par équipes. De sorte qu'après deux jours de course, le vainqueur de l'année précédente occupait l'avant-dernière place au classement général avec un retard de sept minutes et demie sur Laurent Fignon ! Le maillot jaune ornait alors les épaules du Portugais Acacio Da Silva, exploit qu'aucun coureur de son pays n'avait pu réaliser avant lui. A Dinard, terme de la première épreuve contre la montre « individuelle », Lemond le lui ravit, Fignon occupant la deuxième place au classement général avec un retard de cinq secondes.

La première étape des Pyrénées allait voir le « cavalier seul » d'un certain Miguel Indurain, jeune équipier de Pedro Delgado, celui-ci regagnant du temps sur Lemond et Fignon dans le cours des deux étapes de montagne. Pour son retour à la haute compétition après un très grave accident de chasse, l'Américain avait choisi de s'inscrire dans une attitude de franc-tireur, comportement jugé très sévèrement par Fignon. Lequel s'empara du maillot jaune à Superbagnères, sept secondes le séparant de son rival. Puis la situation resta en l'état jusqu'au pied des Alpes. Au fil des jours, Lemond s'ouvrait à des ambitions nouvelles. « A présent, c'est simple, je cours pour gagner », précisait-il. ✦

✦ Ci-contre : Greg Lemond hurle sa joie à l'annonce de sa victoire.

HEWLETT PACKARD
MAVIC
ADR
volvic

✦ 1989 ✦
Lemond exécute Fignon

A Orcières-Merlette, terme de l'épreuve contre la montre en montagne, gagnée par le Néerlandais Rooks, Fignon céda la tunique d'or à Lemond. Au classement général son retard était de l'ordre de quarante secondes. A l'Alpe-d'Huez, où Theunisse se présenta le premier, la lutte fut intense entre Lemond, Fignon et Delgado. Dans un grand jour, le Français se détacha, récupérant le maillot jaune pour une avance de vingt-six secondes. Un écart de temps jugé trop faible par l'intéressé, qui attaqua encore farouchement le lendemain, sur la route de Villard-de-Lans, pour porter à cinquante secondes son avantage au classement général.

Après ce raid victorieux de Fignon, la cause semblait entendue, mais Lemond, refusant de s'avouer vaincu, reprit l'initiative en compagnie de Delgado, dans la traversée du massif de la Chartreuse. Une attaque royale qui isola à l'avant les cinq premiers du classement général. A Aix-les-Bains, terme de cette étape, Lemond l'emporta au sprint, mais son retard sur Fignon au classement général restait stationnaire : cinquante secondes. On apprenait, alors, que le Français souffrait d'une atteinte à l'entrejambe.

Et ce fut la course folle du dernier jour, course contre la montre, marquée par la tension nerveuse, l'attente insoutenable, l'incroyable suspense aux Champs-Élysées, enfin, le coup de théâtre : Lemond vainqueur du Tour pour huit petites secondes. Du jamais vu ! Quant à Delgado, le héros malheureux du premier jour, il s'était rapproché à trois minutes du vainqueur et il occupait la troisième place du classement général ! ✦

✦ Page de gauche : Fignon-Lemond, les deux premiers rôles d'un spectacle inoubliable.

ONNAIS
OAKLEY
Z

✦ 1990 ✦

Le troisième Tour du « Ricain »

Greg Lemond marque sa présence d'une performance inattendue dès le prologue à Futuroscope : second à quatre secondes du spécialiste Thierry Marie ! Les pessimistes le croyaient au fond du gouffre, une fois encore, et le voilà qui resurgit. La course en ligne du lendemain matin, à laquelle on n'accordait qu'une importance relative, va pourtant conditionner la suite du Tour et cela jusqu'à l'avant-dernier jour ! Lemond, Fignon et Delgado se regardant en chiens de faïence, quatre attaquants décidés, Maassen, Bauer, Pensec et Chiappucci parviennent à se donner plus de dix minutes d'avance ! Coup de Jarnac sans précédent qui va contraindre les grands chefs de file à engager une gigantesque course poursuite.

Souffrant des reins depuis une chute au Tour d'Italie, Laurent Fignon quitte la course entre Avranches et Rouen. Steve Bauer le Canadien porte le maillot jaune depuis le contre la montre du deuxième jour et le déficit de Lemond approche les onze minutes. Voici les Alpes, où Lemond, Delgado, Breukink, Bugno et l'inusable Lejarreta commencent à résorber leur retard jour après jour. Le premier grand vaincu est Bauer, qui abandonne le maillot à Pensec (Saint-Gervais), lequel sera sauvé par Millar dans la montée de l'Alpe-d'Huez où Bugno l'emporte. Le Breton cède sa tunique le lendemain et Chiappucci lui succède.

L'Italien défendra son maillot avec panache, prenant, lui le leader, l'initiative de l'attaque dans les Pyrénées. Il se rendra les armes à la main, dans le « contre la montre » à Vassivière, face à Lemond, meilleur spécialiste et moins éprouvé athlétiquement. Le triomphe final du « Ricain » était dès lors assuré. Il gagnait son troisième Tour de France mais sans y avoir remporté la moindre étape. ✦

✦ Ci-contre : Ronan Pensec, animateur de la première heure, eut la joie de revêtir la tunique d'or. Ci-dessous : Le vainqueur Greg Lemond.

1er GREG LEMOND
2e CLAUDIO CHIAPPUCCI
3e ERIK BREUKINK

Classement par points :
OLAF LUDWIG
Meilleur grimpeur :
THIERRY CLAVEYROLAT

✦ 1990 ✦
Claudio Chiappucci le battant

La « bande des quatre » qui a réussi un superbe hold-up dès la première étape – plus de dix minutes d'avance – ne regrettera pas son audace. Le Néerlandais Frans Maassen endosse le maillot jaune pour une demi-journée ; puis, le soir même, le Canadien Steve Bauer s'en empare pour le conserver jusqu'aux Alpes où Ronan Pensec lui succédera pour un court intérim. Enfin, Claudio Chiappucci revêt le paletot, lui aussi, quatrième et dernier membre de la bande à s'être habillé de jaune. Au soir de l'étape contre la montre à Villard-de-Lans, il précède Lemond de sept minutes. Las, le pauvre Claudio, esseulé au sein de l'équipe Carrera, se laisse surprendre sur la route de Saint-Étienne et cède plus de quatre minutes à Lemond ! Durant l'étape pyrénéenne, une surprise : Chiappucci passe lui-même à l'offensive au col d'Aspin. Au Tourmalet il compte près de trois minutes d'avance sur Lemond, mais s'effondre ensuite pour finalement sauver de justesse son maillot. Il cédera le premier rang une semaine plus tard, mais sa prestation va lui assurer une immense popularité. ✦

✦ Ci-contre : Ce n'est pas sans combattre que Claudio Chiappucci cédera son maillot. Il en sortira grandi et populaire.

CARRERA
Jeans
CARRERA

LE TOUR
CL

✦ 1991 ✦

An 1 de l'ère Indurain

Au départ de Lyon, une question essentielle occupe tous les esprits, celle-ci : Greg Lemond est-il toujours en état de gagner le Tour ? L'intéressé entend le prouver – se rassurer peut-être – et, dès le premier jour, il met le feu aux poudres. Le Soviétique Abdoujaparov l'emporte au sprint mais quelques « gros calibres » ont déjà perdu du temps. Le même jour, dans l'après-midi, les « Ariostea » s'imposent contre la montre et le Danois Sörensen reçoit le maillot jaune. Il sera malheureusement éliminé par une chute à Valenciennes, Lemond se hissant à la première place au classement général, mais refusant d'endosser la tunique par respect pour le grand malchanceux. Puis, le maillot tant convoité devient la propriété de Thierry Marie, au terme d'une échappée solitaire de 223 kilomètres entre Arras et Le Havre. Dans le contre la montre Argentan-Alençon, Miguel Indurain affirme sa maîtrise, en même temps que sa prétention à la victoire finale, mais Lemond lui a concédé huit secondes seulement. Pour sa part, Charly Mottet va triompher deux fois, à Saint-Herblain et Jaca, une petite ville du Pays basque espagnol, où Luc Leblanc s'empare provisoirement du maillot jaune. Durant cette étape de moyenne montagne entre Pau et Jaca, Lemond et ses équipiers ont dû assumer seuls les charges d'une longue poursuite et leurs jambes deviennent dures.

Dès le lendemain, dans les dernières pentes du Tourmalet, un démarrage éclair de Chiappucci fait céder Lemond. Puis, Indurain se dégage nettement, suivi de l'Italien. Les deux hommes se présentent seuls à Val Louron : victoire d'étape pour Chiappucci, maillot jaune pour Indurain. Quant à Lemond, il a perdu plus de sept minutes. ✦

✦ Ci-contre : Le sacre de Miguel Ier.
Ci-dessous : Grand vaincu de ce Tour, Greg Lemond lutta jusqu'au dernier jour.

1er MIGUEL INDURAIN
2e GIANNI BUGNO
3e CLAUDIO CHIAPPUCCI

Classement par points :
DJAMOLIDINE ABDOUJAPAROV
Meilleur grimpeur :
CLAUDIO CHIAPPUCCI

Quelques jours plus tard, Bugno gagne à l'Alpe-d'Huez, mais Indurain conserve le leadership. En grande condition et disposant d'une équipe solide, le Navarrais ne sera plus inquiété, les meilleurs parmi ses adversaires ayant hissé le drapeau blanc.

Ce Tour fut également marqué par la révélation d'Abdoujaparov, vainqueur de deux étapes et du classement final aux points. Le sprinter ousbek était en mesure de l'emporter encore aux Champs-Élysées quand à cent mètres de la ligne, à la lutte avec Ludwig et Konishev en tête du peloton déchaîné, il heurta une barrière. Son vol plané fut hallucinant et il lui fallut attendre près de vingt minutes avant de recouvrer ses esprits. Il fut alors soutenu pour franchir la ligne d'arrivée, des mains secourables l'aidant ainsi à sauver son maillot vert ; après quoi il fut transporté à l'hôpital souffrant d'une clavicule cassée et de contusions multiples.

Auparavant, un coup de théâtre s'était produit à Quimper (dixième étape), à savoir l'abandon de l'équipe néerlandaise PDM au grand complet, un mal mystérieux ayant terrassé tous ses coureurs en moins de vingt-quatre heures. La suspicion planait sur ce groupe, d'autant que ses responsables – de mauvaise réputation – furent dans l'incapacité de présenter une explication recevable. ✦

✦ Ci-contre : Arrivée tumultueuse sur les Champs : Abdoujaparov heurte la barrière et chute lourdement.

LEV
LEV
Coca-Cola

1992
Indurain assure son règne

A Saint-Sébastien, Miguel Indurain frappa d'entrée de jeu, enlevant le prologue devant le jeune Suisse Alex Zülle et le spécialiste normand Thierry Marie. Pour autant, il n'envisageait pas de dilapider ses forces dans la défense quotidienne du maillot jaune. Ainsi, Richard Virenque s'empara-t-il du paletot emblématique à Pau, cela pour une durée de vingt-quatre heures, avant que ne commence, à Bordeaux, le règne de son coéquipier Pascal Lino. A très vive allure, la course s'achemina jusqu'à Luxembourg, où Indurain « atomisa » ses adversaires, ruinant le suspense : 1 heure 19 minutes 31 secondes, c'est le temps qui lui fut nécessaire pour parcourir, à près de 49 km/h, les 65 kilomètres très vallonnés de cette épreuve contre la montre. Et reléguer Bugno, Lemond, Lino, Roche, Chiappucci et Breukink à quatre, cinq et six minutes. Pour Bugno, ce fut comme s'il avait reçu un coup de massue, il ne s'en remit pas. Les autres non plus d'ailleurs. Seuls deux éléments avaient pu tirer leur épingle du jeu : Lino, transcendé par le maillot jaune, et De Las Cuevas, classé deuxième, à trois secondes seulement de l'inaccessible Navarrais.

Ensuite, ce furent les étapes de la réhabilitation partielle pour les « vaincus de Luxembourg » : la victoire en solitaire de Fignon à Mulhouse ; la grandiose échappée de Chiappucci dans l'étape des cinq cols, entre Saint-Gervais et Sestrières – ce jour-là, Indurain connut une fin de course difficile, mais il n'en revêtit pas moins le maillot jaune ; le succès de Chioccioli à Saint-Étienne et encore celui de Roche à La Bourboule ; sans oublier Hampsten, premier à l'Alpe-d'Huez.

Mais, les jeux étaient faits depuis longtemps et ce n'était certes pas le comportement passif de Bugno qui pouvait inquiéter Indurain, l'horizon de Chiappucci s'étant considérablement réduit depuis la traversée des Alpes. ✦

✦ Ci-contre : Miguel Indurain encore...

1er MIGUEL INDURAIN
2e CLAUDIO CHIAPPUCCI
3e GIANNI BUGNO

Classement par points :
LAURENT JALABERT
Meilleur grimpeur :
CLAUDIO CHIAPPUCCI

Banesto

R.M.O
CREDIT LYONNAIS
R.M.O
MAVIC
R.M.O
MAVIC

✦ 1992 ✦
Les dix jours en or de Pascal Lino

A Bordeaux, le Breton Pascal Lino, un parfait styliste formé à l'école de la piste, se hisse à la première place du classement général, avec près de deux minutes d'avance sur son copain Richard Virenque et plus de six minutes sur Miguel Indurain. Pour ce faire, il s'est inclus adroitement dans une échappée landaise qui s'est présentée à l'arrivée sept minutes avant le groupe de Virenque, lequel avait revêtu la tunique la veille, dans la cité d'Henri IV.

L'équipe RMO, à laquelle l'un et l'autre appartenaient, menacée d'une disparition après la Grande Boucle, allait défendre le maillot jaune avec ardeur, les ressortissants de cette formation désirant s'illustrer dans la perspective d'un futur transfert. Dix jours durant, ils contrôlèrent la course avec brio, s'opposant aux tentatives d'échappée. Une attitude dont surent profiter les « finisseurs » et les routiers-sprinters, parmi lesquels Laurent Jalabert, qui termina premier à Bruxelles, prenant une option définitive sur la victoire finale au classement par points. ✦

✦ Ci-contre : Pascal Lino, dix jours durant, fit rêver les Français.

Banesto
Banesto

✦ 1993 ✦

Indurain, Rominger... et les autres

Le « Giro » pour Indurain, la « Vuelta » pour Rominger, à qui le Tour ? Une nouvelle fois le Navarrais va gagner le prologue au Puy-du-Fou, en Vendée ; puis il se désintéressera du maillot jaune pour un temps. C'est l'heure des routiers-sprinters, les Cipollini, W. Nelissen, Abdoujaparov, Museeuw, Skibby, Rijs et Johan Bruyneel, celui-ci l'emportant sur la chaussée d'Amiens à 49,417 km/h, moyenne record pour une étape en ligne (158 kilomètres). Au matin de l'épreuve contre la montre à Madine, non loin de Verdun, Tony Rominger, déjà malchanceux à deux reprises, accuse un retard important. Dans cette « épreuve de vérité », Indurain domine encore la situation, distançant nettement ses principaux adversaires. Il se hisse à la première place du classement général. Pourtant, Rominger réclame les circonstances atténuantes : un orage de grêle, auquel a pu échapper Indurain, puis une crevaison, l'ont pénalisé trop lourdement. Au classement général il occupe le vingtième rang, plus de cinq minutes derrière le maillot jaune, et semble résigné : « J'étais parti pour monter sur le podium aux Champs-Élysées, mais je ne suis même plus certain d'y parvenir », déplore-t-il.

✦ Ci-contre : Indurain toujours, malgré Rominger. Ci-dessous : Un sprint serré : Abdoujaparov (à gauche) et Moncassin.

1er MIGUEL INDURAIN
2e TONY ROMINGER
3e ZENON JASKULA

Classement par points :
DJAMOLIDINE ABDOUJAPAROV
Meilleur grimpeur :
TONY ROMINGER

Ce maillot jaune reconquis, Miguel Indurain ne va plus le quitter. Dans les Alpes, c'est l'hécatombe. A Serre-Chevalier, où Rominger l'emporte, Bugno et Chiappucci lâchent respectivement près de huit et neuf minutes ! L'étape du lendemain par les cols de Vars, d'Izoard, de la Bonette et la montée finale d'Isola 2000 – Rominger à nouveau victorieux –, cette très rude étape achève le massacre. Le régulier Mejia, un Colombien, et l'ardent Jaskula, un Polonais, se confirment animateurs valeureux, tandis que Laurent Fignon adresse au Tour un adieu définitif.

Au vrai, seul Rominger, imposant presque toujours son rythme à Indurain dans la montagne, aurait pu poser un problème à ce dernier, mais il ne songeait visiblement qu'à la deuxième place.

Ainsi, Indurain l'emporta-t-il pour la troisième année consécutive, les puristes relevant qu'il n'avait gagné aucune étape en ligne depuis trois ans, ni au « Giro », ni au Tour. Quant aux Français, ils avaient été on ne peut plus décevants : une seule victoire d'étape (Pascal Lino à Perpignan) et une place de douzième pour Philippe Dojwa au classement général. ✦

KAWA
FESTINA
KAWA

✦ 1994 ✦

Indurain quatrième édition

Ce Tour s'annonçait sans surprise et Miguel Indurain, le favoritissime, l'emporta en effet. Pour autant, la course fut souvent passionnante, fertile en performances de qualité. Après la victoire de l'ex-recordman de l'heure Chris Boardman au prologue de Lille – 55 km/h, moyenne record en la circonstance – le Tour va connaître un drame lors de l'arrivée à Armentières. A cent cinquante mètres de la ligne, Wilfried Nelissen percute un policier imprudent et Laurent Jalabert l'accompagne dans sa fantastique cabriole. Fractures et plaies profondes, abandon pour les deux victimes transportées d'urgence à l'hôpital. Puis l'Angleterre en liesse accueille la Grande Boucle pour deux étapes, mais les affaires vraiment sérieuses commenceront seulement entre Périgueux et Bergerac, lors de l'épreuve contre la montre. Comme les autres années, Indurain s'y montre étourdissant : plus de 50 km/h sur les 64 kilomètres. Et le maillot jaune à la clé. Bref, l'affaire est déjà dans le sac.

Onze jours durant le Navarrais va gérer son capital avec une extrême puissance, restant toujours maître du terrain, mais sans aucun véritable coup d'éclat, de ceux qui font vibrer les foules. L'opposition s'articulera autour des équipes italiennes et de trois individualités françaises : Luc Leblanc, qui accompagna souvent Indurain dans les cols ; Richard Virenque, auteur d'un raid « à l'ancienne » dans la grande étape pyrénéenne ; et Armand De Las Cuevas, longtemps bien placé avant qu'il ne fléchisse dans les Alpes. Pour leur part, Claudio Chiappucci et Tony Rominger vont s'effondrer dans les Pyrénées, après la victoire de Jacky Durand à Cahors. Celle-ci suivie par deux autres victoires françaises. C'est d'abord, à Hautacam, Luc Leblanc qui surgit du brouillard après avoir décramponné Indurain. L'étape suivante voit un formidable exploit de Richard Virenque dans les cols pyrénéens. Le Provençal attendra quatre minutes et demie avant que n'arrive l'Italien Pantani. Le mont Ventoux, lui, sacre le grand Eros Poli.

Voici les Alpes. Bruno Conti arrive seul à l'Alpe-d'Huez, avant que l'on assiste au récital de Piotr Ugrumov. Sur la route de Val-Thorens, ce dernier anime l'échappée décisive, traînant dans son sillage le Colombien Rodriguez, qui lui passera « sous le

✦ Ci-contre : Indurain, mais aussi Luc Leblanc et une opposition digne de ce nom.
Ci-dessous : R. Virenque, roi des Pyrénées.

1er MIGUEL INDURAIN
2e PIOTR UGRUMOV
3e MARCO PANTANI

Classement par points :
DJAMOLIDINE ABDOUJAPAROV
Meilleur grimpeur :
RICHARD VIRENQUE

GEWISS

nez » à quelques mètres de la ligne. Le lendemain, le Letton repart à l'assaut mais, cette fois, il se présente seul à Cluses. Ses suivants, Indurain et Virenque, sont à plus de deux minutes et demie. Pour parachever son œuvre, Ugrumov, stupéfiant d'endurance, réussit encore l'exploit phénoménal de s'imposer dans le contre la montre Cluses-Morzine-Avoriaz, laissant le super-grimpeur Pantani et Indurain à plus de trois minutes ! Ce Pantani, roi de la montagne, qui s'était également distingué dans l'étape de Val-Thorens où, victime d'une chute le matin, il lui avait fallu un grand courage pour revenir en « miraculé » et terminer troisième de l'étape, sur les talons du tandem Rodriguez-Ugrumov. Piotr Ugrumov et Marco Pantani, à la fois brillants et généreux, terminaient le Tour en beauté, aux deuxième et troisième places, repoussant Leblanc et Virenque aux quatrième et cinquième rangs.

Le rapide Djamolidine Abdoujaparov, en vert depuis la première étape, allait connaître, enfin, la victoire l'avant-dernier jour ; et, aux Champs-Élysées, la première place fut pour le Français Eddy Seigneur. ✦

✦ Ci-contre : Piotr Ugrumov, généreux, allait marquer la fin du Tour et s'octroyer la deuxième place à Paris.
Page suivante : Richard Virenque, meilleur grimpeur, anima la course, mais d'autres Français, dont Luc Leblanc, se mirent en évidence.

✦ 1994 ✦

Le cyclisme français retrouve ses couleurs

Après leur médiocre prestation en 1993, les Français avaient besoin de redorer leur blason. Ils le firent de fort belle manière et animèrent longtemps la course. Luc Leblanc fut pratiquement le seul à suivre l'intouchable Indurain en haute montagne. Le suivre... et même le précéder puisque à Hautacam, vers Lourdes, c'est lui que l'on vit surgir le premier du brouillard noyant la ligne d'arrivée. Le Limousin, dans un grand jour, avait eu l'audace de démarrer, alors qu'il escaladait la pente au côté d'Indurain, cela à un peu plus de deux kilomètres du sommet : deux secondes d'avance à l'arrivée. Ensuite ce fut le tour de Richard Virenque, auteur d'un raid superbe durant la grande étape pyrénéenne, entre Lourdes et Luz-Ardiden, par les cols de Peyresourde, d'Aspin et du Tourmalet. Ensemble, Virenque et Leblanc allaient « coincer » dans l'étape contre la montre entre Cluses et Avoriaz, perdant là leurs dernières chances de monter sur le podium aux Champs-Élysées. Pourtant le maillot à pois rouges du « meilleur grimpeur » allait récompenser Virenque de ses généreux efforts. Moins heureux, De Las Cuevas, longtemps bien placé, s'effondra dans la montée de l'Alpe-d'Huez et abandonna à Val-Thorens, le lendemain.

Parmi les artisans du renouveau français figurait le champion de France Jacky Durand, vainqueur à Cahors, de même que l'athlétique Eddy Seigneur, auteur d'un splendide coup de force sur « la plus belle avenue du monde ». De brillantes individualités auxquelles se serait sans nul doute joint Laurent Jalabert sans sa maudite chute d'Armentières. Mais les Français, omniprésents, avaient retrouvé la confiance perdue l'année précédente. ✦

ON S'ENGAGE
champion
A FOND
FESTINA

✦ **Eddy Seigneur, vainqueur sur « la plus belle avenue du monde ».**

Les photographies de ce livre
provienment de l'Agence Presse Sports
4, rue Rouget-de-Lisle à Issy-les-Moulineaux.

Achevé d'imprimer sur les presses de BONA à Turin.
Imprimé en Italie
Dépôt légal : Mai 1995 - ISBN : 2-88-143040-6
La version « club » de ce livre a déjà été publiée
sous le titre « La grande aventure du Tour de France »